반셀프 인테리어 교과서

반셀프 인테리어 교과서

ⓒ 미대오빠(이제희), 2025

초판 1쇄 발행 2025년 9월 17일

지은이	미대오빠(이제희)
기획	공대언니(윤수영)
펴낸이	이기봉
편집	좋은땅 편집팀
펴낸곳	도서출판 좋은땅
주소	서울특별시 마포구 양화로12길 26 지월드빌딩 (서교동 395-7)
전화	02)374-8616~7
팩스	02)374-8614
이메일	gworldbook@naver.com
홈페이지	www.g-world.co.kr

ISBN 979-11-388-4774-2 (03590)

- 가격은 뒤표지에 있습니다.
- 이 책은 저작권법에 의하여 보호를 받는 저작물이므로 무단 전재와 복제를 금합니다.
- 파본은 구입하신 서점에서 교환해 드립니다.

반셀프 인테리어 교과서

하이엔드 디자인을
합리적으로 만드는 전략

미대오빠(이제희)

프롤로그

나는 왜 반셀프 인테리어 컨설팅을 시작했는가

한동안 나는 이런 메시지를 수없이 받았다.

"인테리어를 하고 싶은데 어디서부터 시작해야 할지 모르겠어요."
"셀프는 자신이 없고, 턴키는 너무 비싸요."
"공사는 맡기겠지만, 내 기준대로 하고 싶어요."

이런 고민들은 결국 하나의 공통된 마음으로 향한다.
"내가 원하는 스타일, but 합리적인 가격으로."

그런데 현실은 그렇게 간단하지 않다. 인테리어는 돈도 많이 들고, 결정할 것도 많고, 생각보다 많은 정보와 말들이 넘쳐난다. 설계, 철거, 설비, 전기, 목공, 타일, 도배, 마루, 조명… 하나하나가 낯선 단어고, 익숙하지 않은 선택이다.

그리고 가장 현실적인 고민은 이것이다.
"예산이 빠듯한데, 싼 재료로 대충 하고 싶진 않아요."
나는 주변에 셀프 인테리어를 했던 사람들도 보고, 수억 원짜리 턴키 공사도 받아 봤다. 그 과정에서 느낀 건, 모든 걸 개인이 하기는 너무 어렵기도 하거니와 그렇다고 모두 맡기면 다양한 요인들로 인해 불만이 많다는 것이다.

게다가 턴키 공사는 좋은 자재를 쓰고 싶을수록 예산이 급격히 올라간다. 단가를 줄이자니 퀄리티가 아쉽고, 좋은 걸 쓰자니 견적이 감당 안 되는 순간이 꼭 온다.

다이어트 된 단가에 벌크업 된 퀄리티로 누구나 납득할 만한 인테리어 방법이 없을까?

그래서 나는 중간 지점을 찾았다.
전문가가 최소한의 영역에서 개입하여 시스템을 잡아 준다면, '합리적인 금액으로 고퀄리티의 인테리어도 불가능한 것은 아니다'라는 생각.

그게 바로 반셀프 인테리어 컨설팅의 시작이었다.

내가 선택하고, 내가 판단하되 실행은 전문가의 손에 맡기는 구조. 이 방식은 예산은 아끼고, 좋은 재료는 내가 직접 고르고, 결과는 내가 원하는 방향으로 끌고 갈 수 있는 가장 현실적이고 유연한 인테리어 방식이었다.

이 책은 인테리어 이론서도, 셀프공작 키트도 아니다. 실제 아파트를 리모델링하면서 꼭 필요한 정보만, 공정 순서대로 정리한 실전 매뉴얼이다.

그리고 이 책은 '나도 할 수 있을까?'라고 고민하는 수많은 사람에게 보내는 응원이다.

당신은 할 수 있다. 정보는 이 책에 담았다. 결정은 당신의 손에 있다. 그리고 나는 그 과정을 함께 걷는 '현장 동료'가 되어 줄 것이다.
"당신의 집을 당신이 완성할 수 있도록."

이 책은 누군가의 리모델링 인생의 첫걸음을 가장 안정적이고 똑똑하게 만들어 줄 반셀프 인테리어의 바이블이 될 것이다.

- 미대오빠

차례

프롤로그 | 나는 왜 반셀프 인테리어 컨설팅을 시작했는가   - 5

PART 1   반셀프 인테리어, 무엇을 알고 시작할 것인가

1. 반셀프 인테리어란?   - 12
2. 반셀프가 가능한 사람 vs 안 맞는 사람   - 15
3. 공사 순서를 이해하면 절반은 성공이다   - 18
4. 셀프와 턴키 사이, 왜 '반'셀프인가?   - 22
5. 예산 짜는 법 - 어디에 얼마가 드는가?   - 29

PART 2   공정별 실전 가이드

6. 행위허가, 동의서, 보양 - 깔끔한 시작을 위한 준비   - 38
7. 철거 - 모든 공정의 시작, 어떻게 준비할까?   - 43
8. 설비/배관 - 눈에 안 보여서 더 중요한 일   - 46
9. 창호 - 단열과 채광을 동시에 잡는 기술   - 50
10. 전기 - 콘센트 위치 하나가 삶의 질을 좌우한다   - 55
11. 목공 - 공간의 뼈대를 짜는 일   - 58
12. 타일 - 스타일을 결정하는 가장 강력한 요소   - 63
13. 도장/도배 - 가장 넓은 면적, 가장 큰 분위기   - 71
14. 마루/장판 - 바닥이 곧 인테리어의 바탕   - 77
15. 조명/천장 마감 - 눈이 편한 집은 따로 있다   - 85
16. 가구/수납 - 예쁜 집의 마지막 한 수   - 94
17. 청소 & 하자 점검 - 공사의 끝, 집의 시작   - 103

18. 실리콘 - 작은 마감이 전체를 완성한다 - 107

PART 3 현장에서 얻은 진짜 꿀팁

19. 사기 안 당하는 계약서 작성법 - 112
20. 시공자와의 소통법 - 존중하면서 확실하게 - 116
21. 일정표 작성법 - 스케줄 관리의 핵심 - 119
22. 실수 없는 자재 발주 가이드 - 122
23. 공사 중 소비자가 꼭 체크해야 하는 7가지 순간 - 130
24. 하자, 이것만은 꼭 확인하자 - 139
25. 반셀프 성공 사례 분석 - 141

PART 4 내 집을 나답게 만드는 디자인법

26. 트렌드보다 나에게 맞는 디자인 - 152
27. 컬러 조합의 원칙 - 155
28. 구조가 아닌 시선으로 공간을 바꾸는 법 - 159

부록

1. 예산별 인테리어 가능 범위(2025년 기준) - 163
2. 시공 업체 선정 기준 - 168

에필로그 | 집은 결국, 삶의 이야기다 - 171

PART 1

반셀프 인테리어,
무엇을 알고 시작할 것인가

1. 반셀프 인테리어란?

인테리어를 고민할 때, 사람들은 크게 두 가지 방향 중 하나를 선택하게 된다. 하나는 '전문가에게 모든 것을 맡기는 턴키 방식'이고, 다른 하나는 '직접 다 해 보는 셀프 인테리어'다. 턴키는 편하지만 견적이 높고, 셀프는 자유롭지만 쉽지 않다. 그래서 등장한 방식이 바로 '반셀프 인테리어'다.

반셀프 인테리어는 그 이름처럼 절반은 내가 결정하고, 절반은 전문가와 협업하는 방식이다. 디자인이나 자재 선택은 소비자가 주도하고, 시공은 전문가가 책임지는 구조. 이 방식은 비용 절감과 퀄리티 유지라는 두 마리 토끼를 잡을 수 있는 전략적인 인테리어 방식이다.

예를 들어, 주방 타일이나 도어 손잡이 같은 마감재는 직접 발품 팔아 고르고, 시공은 믿을 수 있는 협력 업체나 인테리어 전문가에게 맡긴다. 조명, 수전, 콘센트, 몰딩 등 공간의 분위기를 결정짓는 요소들은 직접 결정하면서, 배관이나 전기처럼 기술이 필요한 공정은 전문가 손에 맡기는 식이다.

이 방식이 가진 가장 큰 장점은 '예산을 내가 통제할 수 있다'는 점이다. 전문가에게 모든 걸 맡기는 턴키 공사는 편리하지만, 사소한 변경에도 추가비용이 생긴다. 하지만 반셀프는 내가 우선순위를 정하고, 어느 곳에 돈을 쓰고 줄일지를 주도적으로 선택할 수 있다.

두 번째 장점은 '디자인 자율성'이다. 기존의 인테리어 방식은 전문가가 정한 디자인 틀에 소비자가 맞춰야 했지만, 반셀프는 내 라이프스타일, 취향, 색감, 조명 톤 등을 주도적으로 반영할 수 있다. 이는 집을 단순히 꾸미는 것이 아니라, '내 이야기를 담은 공간'으로 만들 수 있는 힘이 된다.

물론 반셀프 인테리어가 마냥 쉬운 것은 아니다. '절반은 내가 한다'는 말처럼 정보 습득과 결정, 소통에 시간과 에너지를 써야 한다. 업체를 직접 찾아보고, 견적을 비교하고, 자재의 특성을 파악하는 일도 필요하다. 하지만 그 과정은 내가 내 집을 진짜로 알아 가는 여정이기도 하다.

또한 반셀프 인테리어는 '내가 모든 것을 직접 하는 셀프'가 아니다. 전문가와 협업한다는 점에서 일정 수준 이상의 커뮤니케이션 능력과 준비가 요구된다. 시공자는 전문가로서 현장의 경험이 있고, 소비자는 자신만의 기준과 방향성을 갖고 있어야 한다.

중요한 것은 '잘 할 수 있을까?'보다 '시도할 용기'다. 이 책은 당신이 그 용기를 낼 수 있도록 돕기 위해 쓰였다. 어떻게 시작할지, 어떤 순서로 해야 할지, 어떻게 커뮤니케이션 해야 할지, 그리고 어떻게 완성할 수 있을지 모두 알려 줄 것이다.

당신이 전문가가 아니어도 괜찮다. 이 책은 당신의 감각과 경험을 믿고 시작하는 사람을 위한 책이다. 다음 장에서는, 과연 반셀프 인테리어가 누구에게 어울리는지 함께 생각해 보자.

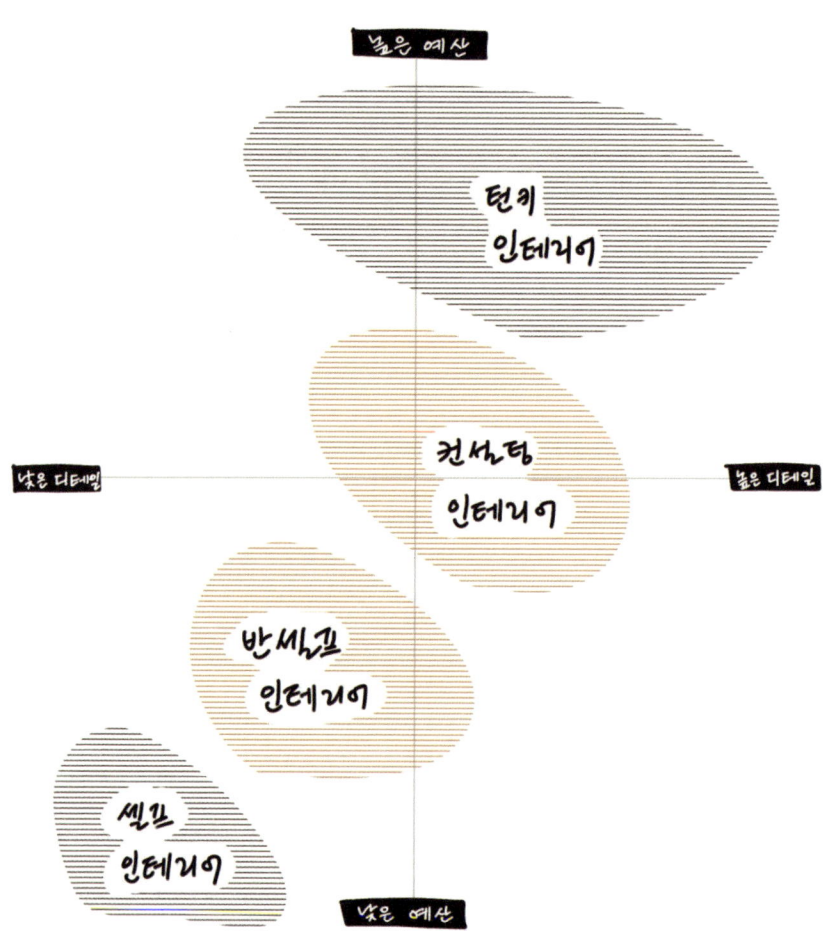

인테리어 방식별 디테일과 예산

2. 반셀프가 가능한 사람 vs 안 맞는 사람

반셀프 인테리어를 시작하려는 사람들 중엔 '나도 할 수 있을까?'라는 두려움을 가진 분들이 많다. 실제로 인테리어는 단순한 쇼핑이나 선택의 연속이 아니라, 판단력과 체력, 그리고 커뮤니케이션 능력이 모두 필요한 대형 프로젝트다. 그렇다면 과연 반셀프 인테리어는 누구에게 잘 맞는 방식일까?

먼저, 반셀프 인테리어는 '직접 선택하고 책임지는 사람'에게 잘 맞는다. 인터넷에서 자료를 찾아보고, 자재를 비교하며, 나의 스타일을 구체적으로 그릴 수 있는 사람이면 충분하다. 반면, 누군가가 대신 다 해 주는 걸 선호하거나, 선택 자체에 스트레스를 받는 사람에게는 적합하지 않을 수 있다.

또한 시간과 에너지의 일정한 투자가 필요하다. 주중엔 직장, 주말엔 전시장과 인테리어 관련 매장을 돌며 자재를 비교하고, 시공자와 통화하며 일정을 조율하는 일이 반복된다. 그러므로 물리적 시간 여유와 정신적 여유가 어느 정도 있어야 한다.

무엇보다 중요한 건 '내가 이 집을 직접 만들고 싶다'는 마음이다. 그 마음이 있다면, 자료를 찾는 일도, 비교하는 일도, 설계하는 일도 '재미'로 바뀐다. 반셀프 인테리어는 결국 내가 내 공간에 주인의식을 갖고 접근할 수 있는지를 묻는 여정이다.

퇴근 후 공정 상태를 확인하며 정리노트를 쓰는 직장인, 아이 방 컬러를 고민하며 꾸미는 것을 즐거워하는 엄마, IoT 조명과 센서를 우리 가족 라이프 스타일에 맞게 설계한 50대 아빠.

이들은 모두 전문가가 아니지만, '내가 주도하는 인테리어'를 통해 높은 만족도를 얻었다.

반면, 이런 분들에게는 반셀프보다 턴키 공사가 더 나은 선택일 수 있다.

- 결정이 느리고 '잘 모르겠어요'를 자주 말하는 사람
- 일정이나 계약서를 챙기는 게 버겁게 느껴지는 사람
- 공사 중 변수가 생겼을 때 스트레스를 많이 받는 사람

하지만 이 모든 조건보다 더 중요한 것은 '내가 얼마나 이 공간을 주도하고 싶은가'라는 의지다. 누구나 처음은 어렵다. 하지만 그 어려움을 견디며 내가 꿈꾼 집을 하나씩 채워 가는 과정은 분명 값진 경험이 된다.

혹시 반셀프 인테리어가 나와 맞을까 고민된다면, 다음 체크리스트로 나의 성향을 점검해 보자.

▶ 반셀프 인테리어 자가 진단 체크리스트

☐ 나는 내가 좋아하는 공간 스타일이나 색감을 어느 정도 알고 있다.
☐ 온라인에서 자재나 가구 정보를 스스로 찾아보는 게 어렵지 않다.
☐ 결정을 내릴 때 누군가에게 100% 의존하지 않는다.
☐ 시간이 걸려도 내가 선택한 결과물을 더 만족스럽게 느낀다.
☐ 공정 순서나 일정 등을 직접 조율해 보고 싶은 마음이 있다.
☐ 전문가와 대화하며 조율하는 걸 어려워하지 않는다.
☐ 완성된 공간에 내가 참여한 흔적이 남길 원한다.
☐ 합리적인 공사 비용인지 비교, 확인해 보고 싶다.

위 항목 중 5개 이상에 체크가 된다면, 당신은 반셀프 인테리어를 할 준비가 된 사람이다. 그리고 이 책은 당신이 그 첫걸음을 안전하고 똑똑하게 내딛도록 도와줄 것이다.

다음 장에서는 반셀프 인테리어를 본격적으로 시작하기 전에 꼭 알아야 할 공사 순서에 대해 이야기해 보자.

3. 공사 순서를 이해하면 절반은 성공이다

▶ 기본 공정 순서

1. 철거 - 기존 구조와 마감 철거
2. 설비/배관 - 급수, 배수, 수도, 보일러, 에어컨 등
3. 창호 - 샤시 및 단열, 방음 작업
4. 전기/배선 - 콘센트, 조명, 통신 및 IoT 배선
5. 목공 - 벽체, 천장, 구조 보강
6. 타일 - 욕실, 주방, 현관 등
7. 중간 폐기물 - 철거 이후 발생한 폐기물 정리 및 마감 공사 준비
8. 필름/도장/도배 - 벽과 천장의 마감
9. 탄성/도기설치 - 물 사용 공간인 베란다, 화장실 마감
10. 조명 마감 - 조명 설치 및 스위치, 콘센트 정리
11. 가구/수납 - 주방가구, 붙박이장, 시스템 가구 등
12. 마루/바닥재 - 전체 분위기를 결정하는 하부 마감
13. 중문/유리파티션/에어컨 설치 - 최종 마감 전 필요한 부분 공사 마감
14. 청소 및 하자 점검 - 전체 공정 후 현장 정리 및 청소
15. 실리콘 - 입주 전 최종 마무리

반셀프 인테리어에서 가장 큰 혼란은 '뭘 먼저 해야 하지?'에서 시작된다. 공정의 순서를 정확히 이해하지 못하면, 일정이 꼬이고 예산이 새며,

결과도 만족스럽지 않게 된다. 공사는 단순한 시공의 연속이 아니라 '흐름'이다. 흐름을 이해하는 사람만이 공사를 통제할 수 있다.

인테리어 공정에는 정해진 순서가 있다. 특히 아파트 기준의 리모델링은 이 순서를 따르지 않으면 다음 공정에서 문제가 생기기 쉽다. 예를 들어, 타일을 깔기 전에 설비 배관을 안 했거나, 전기 배선이 안 된 상태에서 목공이 들어가면 모든 걸 다시 뜯어야 하는 일이 생긴다. 시간 낭비, 비용 낭비, 감정 소모가 한꺼번에 찾아온다.

그럼 이제 한국 아파트 기준으로 가장 일반적인 공사 순서와 발주 마감 기한을 알아보자.

이 순서를 이해하면 내가 언제 어떤 결정을 내려야 하는지 명확해진다. 예를 들어, 설비 전에 세탁기 위치나 싱크대 배열을 정해야 하고, 전기 공사 전에 조명 위치와 콘센트 위치를 정해야 한다. 설계가 늦어지면 공정이 미뤄지고, 공정이 꼬이면 전체 일정이 무너진다.

또한 공정별로 다른 시공자가 들어오기 때문에, 누가 언제 들어오는지도 미리 알고 있어야 한다. 반셀프 인테리어는 일정 조율과 공정 순서의 이해가 핵심이다.

실제 리모델링 공정 흐름도 예시를 간단히 정리해 보았다.

▶ 공정 흐름 예시(30평형 아파트 기준)

1. 철거 - 4주 전 결정, 공사 범위 결정/인원 수급
2. 설비/배관 - 철거팀과 내용 공조, 에어컨 1차 진입: 설비
3. 창호 - 실측 후 창호 발주 1주일 소요/시스템 창호 2주 소요
4. 전기/배선 - 4주 전 결정, 공사 범위 결정/인원 수급
5. 목공 - 8주 전 결정, 공사 범위 결정/인원 수급
6. 타일 - 8주 전 결정, 공사 범위 결정/인원 수급
7. 중간 폐기물 - 하루 전 결정, 사진 촬영 후 업체 요청
8. 필름/도장/도배 - 1주 전 결정, 공사 범위 결정/인원 수급
9. 탄성/도기설치 - 4주 전 결정, 공사 범위 결정
10. 조명 마감 - 1주 전 결정, 앞선 전기팀에게 조명, 스위치 발주 요청, 해외 배송의 경우 2달 전 결정
11. 가구/수납 - 목공 마감 시점에 결정, 실측 및 디자인
12. 마루/바닥재 - 4주 전 결정, 공사 범위 결정
13. 중문/유리파티션/에어컨 설치 - 4주 전 결정, 공사 범위 결정, 에어컨 2차 진입: 설치
14. 청소 및 하자 점검 - 4주 전 결정, 공사 범위 결정
15. 실리콘 - 4주 전 결정, 공사 범위 결정

공정의 순서를 이해하면 시공자와의 대화도 쉬워지고, 자재 발주 시기도 정확해진다. 특히 반셀프는 내가 직접 공정 순서를 따라가며 중요한 결정을 내리는 방식이기 때문에, 전체의 흐름을 한눈에 파악하고 있어야

한다.

짧게는 한 달, 길게는 두 달 전에 작업일정과 팀셋팅이 완료되어 있어야 안전하게 인테리어 할 수 있다.

다음 장에서는, 셀프와 턴키 인테리어 사이에서 반셀프 방식이 왜 주목받는 선택인지 더 깊이 들여다보자.

4. 셀프와 턴키 사이, 왜 '반'셀프인가?

인테리어를 준비하는 사람이라면 한 번쯤 이런 고민을 한다. '내가 직접 다 해 볼까, 아니면 전문가에게 맡길까?' 그 선택지는 보통 '셀프 인테리어' 혹은 '턴키 공사' 두 가지로 나뉜다. 하지만 두 방식 모두 장단점이 명확하고, 한쪽으로 치우치기엔 부담이 크다.

셀프 인테리어는 자유롭고 비용이 적게 든다는 장점이 있다. 하지만 직접 자재를 고르고, 직접 시공을 하며, 예상치 못한 문제를 해결해야 하므로 엄청난 체력과 정보력, 손재주까지 필요하다. 한마디로 진짜 '만능 셀프'가 필요한 것이다.

반면 턴키 공사는 전문가가 처음부터 끝까지 모든 과정을 책임지고 진행해 준다. 디자인, 자재, 일정, 시공, A/S까지 모두 포함되기 때문에, 소비자는 결과만 보면 된다. 하지만 문제는 예산. 처음에는 저렴해 보이던 견적이, 사소한 옵션 하나하나가 추가되며 어느 순간 감당하기 어려운 수준으로 올라가 버리기도 한다.

게다가 '원하는 스타일'이 100% 반영되지 않는 경우도 많다. 정해진 마감재나 정형화된 디자인 옵션 안에서 선택해야 하다 보니 개성 있는 공간, 나다운 집을 만들기엔 한계가 있고 완벽한 집을 만들기 위해선 급격한 비용 상승이 발생하기도 한다.

그래서 요즘 많은 사람들이 찾는 대안이 바로 '반셀프 인테리어'다. 셀프의 자율성과 턴키의 안정성을 모두 가지면서, 현실적인 예산 안에서 완성도 높은 결과를 얻을 수 있는 방식이다.

반셀프 인테리어는 소비자가 디자인과 자재 선택, 일정 관리에 관여하고, 전문가는 기술적 공정과 시공 품질을 책임진다. 즉, 주도권은 소비자에게 있지만, 완성도는 전문가가 책임지는 구조다.

이 구조는 실제로 많은 반셀프 고객들에게 높은 만족도를 안겨 주었다. '비용은 줄이고 싶은데, 싼 자재로 하고 싶진 않다'는 마음을 정확히 해결해 주기 때문이다. 내가 직접 고른 자재는 인터넷 최저가로 구매하고, 시공은 믿을 수 있는 전문가에게 맡겨 실패 확률도 줄일 수 있다.

턴키 업체에서 일방적으로 정해 주는 견적 방식이 아닌, 다양한 외부 업체의 견적을 통해 가장 저렴한 방식으로 발주할 수 있는 반셀프 인테리어는 가장 합리적인 인테리어를 원하는 소비자에게 매력적인 방식이 아닐 수 없다.

또한 조명, 도어, 손잡이, 수전, 욕실 파티션 등 마감재를 직접 골라 인터넷으로 발주하면, 턴키 견적에 포함된 자재보다 훨씬 더 고급스럽고 스타일 있는 구성도 가능하다.

결국 반셀프 인테리어는 '잘 고르면, 싸게도 예쁘게도 할 수 있다'는 사실을 실현하는 방식이다. 단, 여기엔 전제가 있다. '잘 고른다'는 것 자체가 쉽지 않다는 것. 그래서 이 책은 그 잘 고르기 위한 기준과 안목, 전략을 제공하는 안내서가 되고자 한다.

반셀프 인테리어의 진짜 매력은 단순히 예산을 줄이기 위함이 아니다. 그 집에 사는 사람의 삶과 기준, 감각이 반영된 공간을 만드는 과정과 만족스러운 결과물에 있다. 또한, '내가 만든 집'이라는 자부심은, 그 어떤 고급 자재보다 오래간다.

반셀프 인테리어는 '내 집의 속을 들여다보는 일'이기도 하다. 턴키 업체에게 전부 맡겨 버리면 놓치기 쉬운 부분, 즉 집의 컨디션이나 구조적인 문제까지 내가 직접 확인할 수 있는 기회가 된다. 철거 과정에서 드러나는 기존 현장의 누수, 곰팡이, 단열 상태 등은 향후 공사 품질과 수명에 결정적인 영향을 미친다.

예를 들어, 철거를 하며 기존 마루 뒷면이나 화장실 천장, 샤시 주변에서 누수나 곰팡이의 흔적이 발견된다면 누수나 단열 부실 가능성을 의심해 볼 수 있고 이런 상황을 미리 발견하여 조치할 수 있다. 특히 저렴한 견적으로 턴키 공사를 진행할 경우 기존 하자 의심 부분을 무시하고 공사하는 경우도 있기 때문에 내 눈으로 직접 확인하는 것은 정말 중요하다.

아파트 연식에 따라 기초, 마감 시공 방법이 다르다는 것을 파악할 수 있는 경지(?)에 오른다면 무조건 철거 후 교체가 아닌 정말 필요한 부분만 시공할 수 있는 방법도 존재한다.

이 부분은 책 후반부에 반셀프 성공 사례 분석을 통해 소개하도록 하며, 자세한 내용은 미대오빠 유튜브를 통해 확인해 볼 수 있다. (QR링크 참고)

반셀프 인테리어는 단순히 비용을 아끼는 방식이 아니라, '집과 나 사이의 이해'를 깊게 만드는 과정이다. 그 과정에서 내 집의 컨디션을 파악하고, 나에게 꼭 맞는 시공 전략을 짤 수 있는 눈도 열린다.

다음 장에서는 예산을 실제로 어떻게 짜야 하고, 어디에 얼마를 써야 하는지를 구체적으로 정리해 보자. 반셀프를 실현하기 위한 가장 중요한 단계, 바로 '예산 계획'이다.

▶ 턴키와 반셀프 차이점

구분	턴키 인테리어	반셀프 인테리어
정의	설계부터 시공, 사후 관리까지 모든 과정을 전문 업체에 일임	소비자가 직접 설계, 시공 관리, 디자인 등 모든 업무 수행
장점	전문가의 지식과 노하우 활용 높은 마감 퀄리티 체계적인 공정 관리 및 감리 시공 후 하자 발생 시 A/S 처리 용이 시간과 노력 절약, 스트레스 감소	전체 공사비의 10~40% 절약 가능 직접 집을 완성하는 보람과 만족감 원하는 디자인과 자재를 직접 선택하여 반영 가능
단점	모든 과정을 대행하는 만큼 비용이 많이 발생	인테리어 공정 지식 습득 필요 현장 감독 및 감리 직접 수행 마감 퀄리티 보장 어려움 하자 발생 시 직접 시공자와 소통하여 A/S 처리 많은 시간과 노력 필요, 스트레스 동반 예상치 못한 문제 발생 시 추가 비용 및 결과물 만족도 하락 가능성
적합 대상	인테리어 지식이 부족하거나, 시간 투자가 어렵고, 스트레스를 최소화하고 싶은 경우	인테리어에 대한 명확한 비전이 있고, 충분한 시간과 노력을 투자할 수 있는 경우 비용 절감이 가장 중요한 목표인 경우
주의사항	합리적인 비용과 신뢰할 수 있는 업체 선정 중요	충분한 사전 학습 필수 시공 일정 계획의 중요성 예상치 못한 문제에 대한 대처 방안 고려 중간에 턴키 전환 시 어려움 발생 가능

▶ 반셀프 인테리어 시 주의할 점

- 충분한 사전 학습: 반셀프 인테리어는 인테리어에 대한 충분한 공부가 필수적이다. 거기에 더해 인테리어는 지식보다 경험에서 나오는

노하우가 더 필요할 때가 많기 때문에 미대오빠가 이 책을 쓴 이유이기도 하다.

- 시공 일정 계획: 설계와 디자인을 고려하여 각 공정이 얼마나 걸릴지 판단하고, 현장에서 일어날 수 있는 문제들을 감안하여 일정을 결정해야 한다.
- 예상치 못한 문제 대처: 일정에 차질이 생기거나 예상치 못한 문제가 발생할 경우 대처 방안을 미리 고려해야 한다.
- 중간 전환의 어려움: 반셀프 인테리어 도중 포기하고 턴키로 전향할 경우, 이를 맡아 주는 업체를 찾기 어려울 수 있다.

▶ 나에게 맞는 인테리어 방식 선택 가이드

인테리어 방식을 선택할 때는 다음 질문들에 답하며 자신의 성향과 상황을 면밀히 분석하는 것이 중요하다.

- 명확한 비전: 원하는 인테리어가 분명하여 전문가의 조언이 필요 없는가?
- 학습 시간: 인테리어 관련 정보를 알아보고 공부할 시간이 충분한가? (공정 흐름, 마감재 특징, 시공 방법 등)
- 공사 기간 확보: 공사에 투자할 수 있는 기간이 적어도 6주 이상 있는가?
- 현장 상주 가능 여부: 공사 확인을 위해 현장에 상주하거나 자주 찾아가는 것이 가능한가?

- 소통 능력: 시공 전문가와 직접 소통하여 원하는 바를 잘 전달하고 핸들링 할 수 있는가?
- 하자 보수 해결 능력: 하자 보수 시 발생할 수 있는 책임 소재나 비용 처리 갈등을 해결하는 데 자신 있는가?
- 마감 퀄리티 민감도: 마감 퀄리티에 얼마나 예민한가?

만약 시간 투자가 어렵거나, 사람을 상대하는 것이 힘들고, 마감 퀄리티나 사후 A/S에 대한 부담이 크다면, 전문가에게 맡겨 시간과 노력, 스트레스를 줄일 수 있는 턴키 방식이나 인테리어 컨설팅 방식을 고려하는 것이 좋다.

5. 예산 짜는 법 – 어디에 얼마가 드는가?

인테리어를 시작하면서 가장 많이 받는 질문 중 하나는 이것이다. "예산은 얼마나 잡아야 하나요?" 그리고 그 다음 질문은 "그 예산을 어떻게 나눠야 하죠?"다. 예산 계획이 잘 짜여 있지 않으면, 중간에 돈이 모자라거나 마지막 마감재 선택에서 원하지 않는 타협을 하게 되는 일이 생긴다.

반셀프 인테리어의 핵심은 '우선순위에 따라 예산을 배분하는 능력'이다. 한정된 비용 안에서 나에게 진짜 중요한 공간과 항목에 집중해야 만족도가 높아진다. 반대로, 전체를 무작정 줄이다 보면 결국 어디에서도 만족하기 어렵다.

먼저, 전체 인테리어 공정별 최소 시공 비용에 대해 알아보자. 평균적으로 30평 아파트의 전체 리모델링은 3천만원에서 9천만원 사이가 일반적이다. 물론 자재 선택, 공정 범위, 철거 규모, 아파트 연식에 따라 편차가 크다.

아래는 미대오빠가 실제 반셀프 컨설팅에서 자주 사용하는 아파트 예산 예상법이다.

▶ 공정별 지출 비용 예시(30평 아파트, 2025년 기준)

1) 공정별 지출 비용 예시: 철거/설비

인테리어의 첫 단추인 철거 및 설비 비용은 인테리어의 범위에 따라 달라진다. 어떤 수준의 변화를 추구하는지에 따라 예상 비용이 달라진다.

- 평당 10만원: 리폼, 단순 교체 및 덧방, 환경 개선 위주의 공사를 진행할 때 예상되는 비용이다.
- 평당 20만원: 현관, 복도, 주방, 거실 등 특정 공간에 집중하여 디테일한 공사를 진행할 경우를 말한다.
- 평당 30만원 이상: 전체 철거, 각 방 확장, 주방과 거실의 위치를 바꾸는 등 대규모 공사를 진행할 때 예상되는 비용이다.

2) 공정별 지출 비용 예시: 창호 및 에어컨

창호와 에어컨은 주거 환경의 쾌적함과 에너지 효율에 큰 영향을 미치는 요소이다.

- 창호: KCC글라스 기준으로 약 1,300만원을 예상한다. 동일 스펙에서 LX는 300만원 이상 추가될 수 있으며, 공업사는 10~20% 정도 저렴할 수 있다.
- 에어컨: 천장형 에어컨은 대당 평균 150만원을 예상한다. 스탠드형 에어컨은 개별적으로 확인하여 비용을 책정해야 한다.

3) 공정별 지출 비용 예시: 전기/배선 및 목공

전기/배선과 목공은 인테리어의 기능성과 심미성에 중요한 역할을 한다.

- 전기/배선: 기술자 품은 30만원 기준으로, 인건비와 자재비가 1:1 비율로 책정된다.
  - 5품(인원) 미만: 가스레인지 사용, 조명, 스위치, 콘센트 단순 교체 시 예상되는 비용이다.
  - 12품(인원) 미만: 인덕션, 식기세척기, 로봇청소기, 광파오븐, 천장형 에어컨 등 최신 가전제품을 풀세팅하거나 화장실 콘센트 및 조명, 휴젠트(천장 콘센트)를 추가할 때 예상되는 비용이다.
  - 16품(인원) 이상: 위에 언급된 가전제품 풀세팅과 함께 IoT 설정을 할 경우 비용이 증가한다.
- 목공: 기술자 품은 35만원 기준으로, 인건비와 자재비가 2:1 비율로 책정된다.
  - 평 0.5품: 리폼, 단순 교체 및 덧방, 환경 개선 위주의 공사(확장 없이 부분 단열 가능)에 해당한다.
  - 평 0.75품: 현관, 복도, 주방, 거실 위주로 디테일 공사를 진행하며, 1~2개 공간의 확장 후 단열 작업이 포함될 때 예상된다.
  - 평 1품 이상: 천장 공사 및 더욱 높은 수준의 목공 디테일 공사를 진행할 때 예상되는 비용이다.

4) 공정별 지출 비용 예시: 화장실 및 폐기물

화장실은 쾌적한 주거 환경을 위해 중요하며, 폐기물 처리도 간과할 수 없는 비용이다.

- 화장실: 600*600 졸리컷 기본 액세서리 교체 및 천장 공사를 포함하여 평균 500만원을 예상한다.

- 중간 폐기물: 공사 과정에서 발생하는 폐기물 처리 비용은 100만원 미만으로 책정된다.

5) 공정별 지출 비용 예시: 필름, 도장, 도배, 조명

마감재는 인테리어의 분위기를 결정하는 중요한 요소이다.
- 필름: 작업량에 따라 상이하며, 일반적으로 300만원 전후를 예상한다.
- 도장: 작업량에 따라 상이하며, 일반적으로 1,000만원 전후를 예상한다.
- 도배
- 일반 도배: 평당 10만원을 예상한다.
- 무몰딩 디테일 도배: 평당 15만원 이상을 예상한다.
- 조명: 전기 배선 비율에 따라 적용되며, 일반적으로 인건비와 자재비가 1:1 비율로 책정된다.

6) 공정별 지출 비용 예시: 가구/수납 및 마루/바닥재

가구와 바닥재는 공간의 기능성과 심미성을 동시에 만족시키는 요소이다.
- 가구/수납
- 수납가구: 미터당 70만원 미만을 예상하며, 서랍 추가나 하드웨어 업그레이드 시 비용이 상승할 수 있다.
- 주방가구: 미터당 100만원 이상을 예상하며, 인조대리석 세팅이나 상판 스펙에 따라 비용이 상승할 수 있다.
- 마루/바닥재
- MDF 마루: 12만원 이상을 예상한다.

- 합판 마루: 15만원 이상을 예상한다.
- 특별 사이즈(900*900, 2400*230 등): 20만원에서 27만원 사이를 예상한다.
- 원목 마루: 20만원 이상을 예상한다.

7) 공정별 지출 비용 예시: 중문, 유리파티션, 청소, 실리콘

디테일한 마감과 후처리 또한 예산에 포함해야 한다.

- 중문: 100만원 이상을 예상한다.
- 유리파티션: 50만원 미만을 예상한다.
- 청소: 평당 1만원 이상을 예상하며, 저렴한 경우 추가금이 발생할 수 있다.
- 실리콘: 평당 1.5만원을 예상한다.

8) 성공적인 예산 계획을 위한 핵심 전략

인테리어 예산은 단순히 돈을 쓰는 것이 아니라, 나만의 공간에 가치를 창출하는 중요한 과정이다. 성공적인 반셀프 인테리어를 위해서는 몇 가지 핵심 전략이 필요하다. 첫째, 우선순위를 명확히 설정하는 것이 중요한다. 어떤 공간에 더 투자하고 싶은지, 어떤 기능이 나에게 가장 필요한지 등을 미리 정해 두면 예산을 효율적으로 배분할 수 있다.

둘째, 위에 제시된 공정별 비용 예시를 참고하여 각 공정별 비용을 꼼꼼히 파악하고 합리적인 예산을 수립해야 한다. 예상치 못한 지출에 대비하여 전체 예산의 10~20% 정도를 여유 자금으로 확보하는 것도 현명한 방법이다. 공사 중에 발생할 수 있는 추가 비용이나 변경 사항에 유연하게 대처할 수 있도록 말이다. 마지막으로, 자재 선택 시에도 단순히 가격이 저렴한 것보다는 품질과 내구성을 고려하여 장기적인 관점에서 접근해야 한다. 현명한 예산 계획과 실행으로 만족스러운 인테리어를 완성하길 바란다.

공사 직후 발생하는 추가 비용은 전반기 공사(철거, 설비, 전기, 목공)에 집중되며 항목은 아래와 같다.

- 철거: 15년 이상 된 아파트 노화 이슈로 인한 벽, 천장 철거
- 설비: 30년 이상 된 아파트 난방 동관 교체 이슈, 철거 중 발생하는 하자, 입배수 누수로 인한 재설비 가능성
- 전기: 고용량 가전제품 설치를 위한 단독배선, 전선 노화로 인한 피복 손상, LG가전제품 CV선 포설 이슈
- 목공: 신축, 구축 아파트를 가리지 않고 발생하는 단열 하자

이처럼 공정별로 예산을 계획하면, 선택할 자재나 업체와의 협상도 수월해진다. 무엇보다 내가 어느 부분에 집중하고 싶은지를 기준으로 삼을 수 있다.

예산은 돈의 계획이기도 하지만, 결국 '집을 어떻게 만들고 싶은가'에 대한 철학의 표현이다. 다음 장부터는 본격적으로 공정별 인테리어 전략을 하나씩 파헤쳐 보자!

여기서 한 가지 더 중요한 점이 있다. 반셀프 인테리어에서는 처음부터 전체 공사 견적을 미리 확정 짓기 어려울 수 있다. 왜냐하면 견적이라는 것은 단순한 공정 비용만이 아니라, 업체의 이윤, 위험부담금, A/S 대응 비용까지 포함된 '예상 가능성에 대한 보험료'와도 같기 때문이다.

턴키 공사의 경우, 시공 중 발생할 수 있는 돌발상황까지 감안해 전체 금액을 제시하기 때문에 실제 자재나 공정에 들어가는 금액 외에도 여유 예산과 마진이 포함된다. 그에 반해 반셀프 인테리어는 공정별로 분리 발주하거나 일일 단가로 시공자를 부르는 경우가 많다.

예를 들어 목공이나 전기 시공자는 하루에 얼마, 또는 공정 단위로 얼마씩 받는 일당 체계로 운영된다. 이 경우, 실제로 시공한 만큼만 비용이 청구되므로 소비자 입장에서는 예산이 명확하고 낭비가 줄 수 있다.

하지만 이 구조를 소비자가 이해하지 못하면 분쟁의 소지가 생기기도 한다. 견적서를 계속 요구하게 되고, 현장에서 예상치 못한 공정이 생길 경우 '왜 추가 비용이 발생하냐'며 오해가 생길 수 있다.

반셀프 인테리어는 이런 유동성과 현실성을 감안해야 한다. 내가 원하는 품질을 위해서 어느 정도의 변수는 수용할 수 있어야 하고, 일당 시공 체계가 가져다주는 유연성과 경제성을 제대로 이해하고 활용해야 한다.

공정별 실전 가이드

6. 행위허가, 동의서, 보양 – 깔끔한 시작을 위한 준비

많은 사람들이 인테리어 공사를 이야기할 때 "언제 철거 들어가요?", "타일은 언제 붙이나요?"라는 질문을 먼저 꺼낸다. 하지만 진짜 인테리어는 그보다 앞서 있다.

나는 늘 이렇게 말한다. "망치보다 먼저 챙겨야 할 세 가지가 있어요."

그게 바로 행위허가, 동의서, 보양이다.

▶ 허가 없는 공사는 '불법'이다

요즘은 아파트 내부 구조 변경이나 발코니 확장이 많이 일반화되어 있지만, 이런 공사를 하기 위해선 반드시 관할 구청에 '행위허가'나 '행위신고'를 해야 한다.

특히 발코니 확장, 비내력벽 철거, 욕실·주방의 급·배수 위치 변경 같은 구조 변경은 전부 허가 대상이다.

행정 절차 없이 진행할 경우, 벌금이 부과될 수 있고, 입주 예정자라면 준공검사 자체가 거부돼 입주가 지연되기도 한다. 심할 경우, '원상복구 명령'이 내려질 수도 있다.

이런 일을 막기 위해 반드시 거치는 창구가 바로 국토부 '세움터'라는 시스템이다.

    이곳에 기존 도면과 변경 도면을 포함한 신청서를 제출하면 보통 7~10일 안에 허가 여부가 통보된다.

    문제는 여기서부터다.
    도면 작성이나 서류 준비가 만만치 않기 때문에, 이럴 경우 전문가에게 의뢰한다.

    요즘은 크몽, 숨고 같은 플랫폼에서도 쉽게 찾을 수 있고,
    인테리어 인허가 대행 전문 업체는 약 33만원에서 66만원 정도의 금액으로 도면 작성부터 승인까지 한 번에 해결해 준다.
    셀프로 하려면 발품과 시간을 좀 들여야 하고, 대행을 맡기면 비용이 들지만 빠르고 정확하게 해결된다.

▶ 관계도 공사다 – 공사 동의서

    행위허가가 '행정적인 문'이라면, 공사 동의서는 이웃을 향한 문이다.
    실제로 인테리어에서 가장 많이 생기는 문제가 민원이고, 그 중 절반 이상은 사전 안내와 동의 부족에서 시작된다.

    관리사무소는 대부분 공사 일정표, 시공 범위, 엘리베이터 사용 계획 등을 요청하며, 벽체 철거 등 구조 변경이 있을 경우, 해당 동 세대의

50% 이상의 서면 동의서를 받도록 하고 있다.

간혹 입주민에게 동의서를 받는 게 부담스럽다는 이유로 생략하거나 무시하는 경우가 있는데, 그 결과는 굉장히 뼈아프다.
철거 당일 아침에 "이웃 민원 들어왔다"고 연락 오는 순간, 공사는 중단되고 철거팀은 철수하기도 한다.

그래서 나는 꼭 당부한다.
"이웃에게 양해를 구하는 것은 비용이 아니라 배려예요. 공사를 방해하는 게 아니라 완성시키는 협조입니다."

요즘은 이 부분도 대행해 주는 곳들이 있다.
이런 곳에서는 '공사 동의서 수령 대행'까지 포함된 서비스가 있고, 관리사무소 제출용 서류와 일정안내문도 직접 만들어 준다.
작게는 5만원에서 20만원 정도의 추가 비용이 들지만, 공사의 안정성을 보장하는 보험 같은 존재다.

▶ 보양은 감정의 시작이다

마지막으로 가장 사소해 보이지만, 실제로 고객의 감정에 가장 큰 영향을 주는 요소가 있다.

그게 바로 '보양'이다.

보양은 말 그대로 '보호하여 양호하게 유지한다'는 뜻이다.

공사 현장에서는 바닥, 문틀, 창틀, 엘리베이터, 복도 등 손상되거나 오염되기 쉬운 부분을 미리 감싸는 작업을 말한다.

공동주택의 공용부분에 대한 보양은 아파트 관리사무소를 먼저 방문해 '아파트 보양매뉴얼'부터 알아보고 보양해야 한다.

인터넷상에서 떠도는 보양의 매뉴얼대로 진행했다가 우리 아파트와 맞지 않아 다시 시공할 수 있으니 꼭 자신의 아파트에 맞는 매뉴얼에 따르도록 하자.

셀프로 진행할 경우, 인터넷에서 판매하는 보양 매트, 하드보드(폴리베니아), 코너 가드 등을 활용해 직접 시공할 수 있다.

엘리베이터 보양은 아파트에 따라 관리사무소에 신청해 보호 패드를 설치할 수 있고, 공용 복도에는 매트와 안내문을 함께 붙여 두면 좋다.

전문 업체를 통해 보양까지 맡길 경우, 보양 작업만 따로 하는 팀도 있고, 종합 대행 서비스를 제공하는 곳도 있다.

비용은 약 30만원 내외로, 현장 규모나 구간 수에 따라 차이가 있다.

나는 지금까지 수십 개의 현장을 경험하면서, 한 가지 분명하게 느꼈다.

"깔끔한 시작이 결국, 좋은 마감을 만든다."

허가를 받지 않은 철거는 공사조차 아니다.

이웃과의 협의 없는 공사는 무례한 침입에 불과하다.

보양 없는 시작은, 감정의 하자를 예고하는 것이다.

이 세 가지가 정확히 정리되었을 때, 그 현장은 고객에게도 시공자에게도 '안심'이라는 공통된 감정을 준다.

그리고 바로 이것이 반셀프 시스템의 첫 단계이다.

7. 철거 – 모든 공정의 시작, 어떻게 준비할까?

철거는 인테리어 공정의 첫 번째 단추다. 철거가 깔끔해야 다음 공정이 매끄럽게 이어진다. 하지만 많은 사람들이 철거를 단순히 '제거하는 일' 정도로 가볍게 생각한다. 실제로 철거는 전체 공정에서 가장 큰 변수와 위험이 숨어 있는 단계이자, 계획이 가장 중요한 공정 중 하나다.

철거에는 두 가지 종류가 있다. 첫 번째는 '전체 철거'. 벽, 천장, 마감재, 몰딩, 가구 등 거의 모든 것을 철거하는 방식이다. 두 번째는 '부분 철거'. 리모델링이 필요한 공간만 선택적으로 철거하는 방식이다. 반셀프 인테리어에서는 예산에 따라 부분 철거를 선택하는 경우가 많다.

철거 공정의 핵심은 '살릴 것과 버릴 것'을 정확하게 구분하는 것이다. 기존에 사용된 자재 중 상태가 괜찮은 것들은 살려서 예산을 아낄 수 있고, 반대로 낡거나 하자가 있는 부분은 과감히 철거해야 한다. 예를 들어 단차가 낮은 베란다 바닥은 철거하지 않고 덧방 시공이 가능하지만, 울림이 있거나 손상된 타일은 반드시 철거해야 한다.

또한 철거는 구조를 파악할 수 있는 중요한 기회다. 철거를 하다 보면 예상하지 못했던 누수 자국, 곰팡이, 배관 노후, 단열 부족 등의 하자가 드러난다. 이런 정보들은 이후 비용과 마감 공정에 결정적인 영향을 준다. 즉, 철거는 단순한 '파괴 작업'이 아니라 '진단 작업'이기도 하다.

반셀프 인테리어에서 철거를 계획할 때 가장 먼저 할 일은 체크리스트 작성이다. 어느 공간을 철거할지, 어디는 덧방할지, 어떤 부분은 그대로 둘지를 미리 정리해 시공자에게 명확히 전달해야 한다. 모호한 요청은 공사 현장에서 오해와 분쟁을 낳는다.

철거를 맡길 시공자는 대부분 '철거 전문 업체'에서 진행한다. 만약, 철거를 세밀하게 진행해야 할 부분이 있다면, 미대오빠는 목공팀에게 일부(몰딩, 벽 또는 천장 손상이 예상되는 곳) 철거를 부탁하기도 한다. 왜냐하면 단순 철거는 빠르지만, 섬세하게 보존할 구조를 함께 고려해야 할 때는 경험 있는 손길이 필요하기 때문이다.

▶ 철거 준비 체크리스트

- ☐ 전체 철거 or 부분 철거 여부 결정
- ☐ 살릴 공간과 자재를 명확히 표기(ex. 도어 교체, 가구 속통 재사용, 몰딩 보존 등)
- ☐ 배관 및 전기 위치 확인 - 철거 시 파손 주의
- ☐ 철거 후 발생할 폐기물 양 확인 및 처리 계획
- ☐ 이웃 소음 공지 및 분진 방지 조치(예: 비닐 가림막 설치)
- ☐ 현관 및 엘리베이터 보호매트 요청 여부
- ☐ 철거 후 다음 공정과 연결되는 일정 정리(설비, 전기 등)

철거는 집을 바꾸는 일이기도 하지만, 집을 해석하는 일이기도 하다. 이 공정을 대충 넘기면 나중에 몇 배의 비용과 스트레스를 치르게 된다. 반셀프 인테리어에서는 철거가 곧 계획의 시작이라는 걸 기억하자.

8. 설비/배관 – 눈에 안 보여서 더 중요한 일

설비는 인테리어 공정 중 가장 보이지 않는 작업이다. 하지만 그 중요성은 절대 가볍지 않다. 배관은 벽과 바닥 아래 숨어 있고, 공사를 마무리하고 나면 다시 뜯기 어려운 곳에 있기 때문이다. 한 번 실수하면 물이 새고, 곰팡이가 피고, 마감재를 다시 철거해야 하는 일이 발생한다.

설비 공정에는 크게 난방배관 신설, 욕실/주방 급배수 이동, 세탁기 급배수 이동 등이 포함된다. 특히 요즘은 구조 변경이 많아져서 아일랜드 싱크대 설치, 변기 위치 변경, 베란다 확장, 수전 이동 등 설비의 유연성이 크게 높아지고 있다. 그만큼 설계와 시공의 정밀함이 더욱 요구된다.

미대오빠는 철거와 설비를 '같이 해야 한다'고 강조한다. 왜냐하면 철거를 하다 보면 바닥 배관이 터지는 일이 흔하기 때문이다. 설비는 보이지 않는 공정이라 예상치 못한 사고가 생길 수밖에 없다. 이럴 때 중요한 건 '그걸 막는 것'보다 '빠르게 대응할 수 있는 구조'다.

철거와 설비의 일정이 따로 잡혀 있을 경우, 철거 도중 배관이 터졌을 때 즉시 조치가 불가능하다. 설비 작업자를 다시 부르기도 어렵고, 시간이 지체되면 누수가 발생하거나 물을 완전히 차단해야 하기도 한다. 이러면 예정에 없던 전체 설비 교체가 발생할 수도 있다. 예산도 시간도 계획도 다 틀어진다.

그래서 미대오빠는 철거 시 설비 시공자가 대기하거나, 최소한 연락 가능한 상태를 유지하길 추천한다. 현장에서는 작은 실금이나 눌림만으로도 배관이 터질 수 있기 때문에, 철거 중 실시간 점검과 대응이 핵심이다.

반셀프 인테리어에서는 설비 시공자를 내가 선택하는 경우가 많다. 이때 '금액'보다 '대응력'이 중요하다는 사실을 꼭 기억하자. 실력이 검증된 설비 시공자는 눈에 보이지 않는 부분에서 집의 수명을 결정짓는다.

배관 공정에서 반드시 체크해야 할 항목들이 있다. 세탁기 수전은 높이와 거리, 세탁기의 깊이를 고려해 설치해야 하고, 욕실 하부 선반(젠다이)을 새로 만들 경우 기존 욕실 배수구의 위치도 타일 시공 전 정확히 맞춰야 한다. 또한 아일랜드 싱크대의 급수/배수 위치는 가전제품의 위치와 간섭이 있는 경우가 많아서 가구 도면 설계와 함께 검토되어야 한다.

설비는 티가 나지 않지만, 문제가 생기면 모든 것을 다시 시작해야 하는 공정이다. 그래서 잘 보이지 않아도, 설비는 '눈에 불을 켜고 봐야 할 공정'이다.

▶ 설비 체크포인트

- ☐ 철거와 설비 일정설정에 있어 빠른 대응이 가능하도록 조율했는가?
- ☐ 변기, 세면대, 세탁기, 싱크대 위치를 도면상으로 정확히 표시했는가?
- ☐ 배수구 위치와 단차를 정확히 체크했는가?
- ☐ 세탁기 수전과 배관은 높이와 깊이를 고려했는가?
- ☐ 설비 시공자와의 커뮤니케이션이 원활한가?
- ☐ 혹시 모를 누수 상황에 대한 대처 방안은 마련되어 있는가? (예: 보험, 시공자 연락처)

설비는 눈에 보이지 않기 때문에 더 위험하다. 철거팀과 함께 움직여야 안전하다. 시공 능력뿐 아니라 위기 대응 능력이 있는 설비 전문가를 만나는 것, 그것이 반셀프 인테리어에서 가장 똑똑한 선택이다.

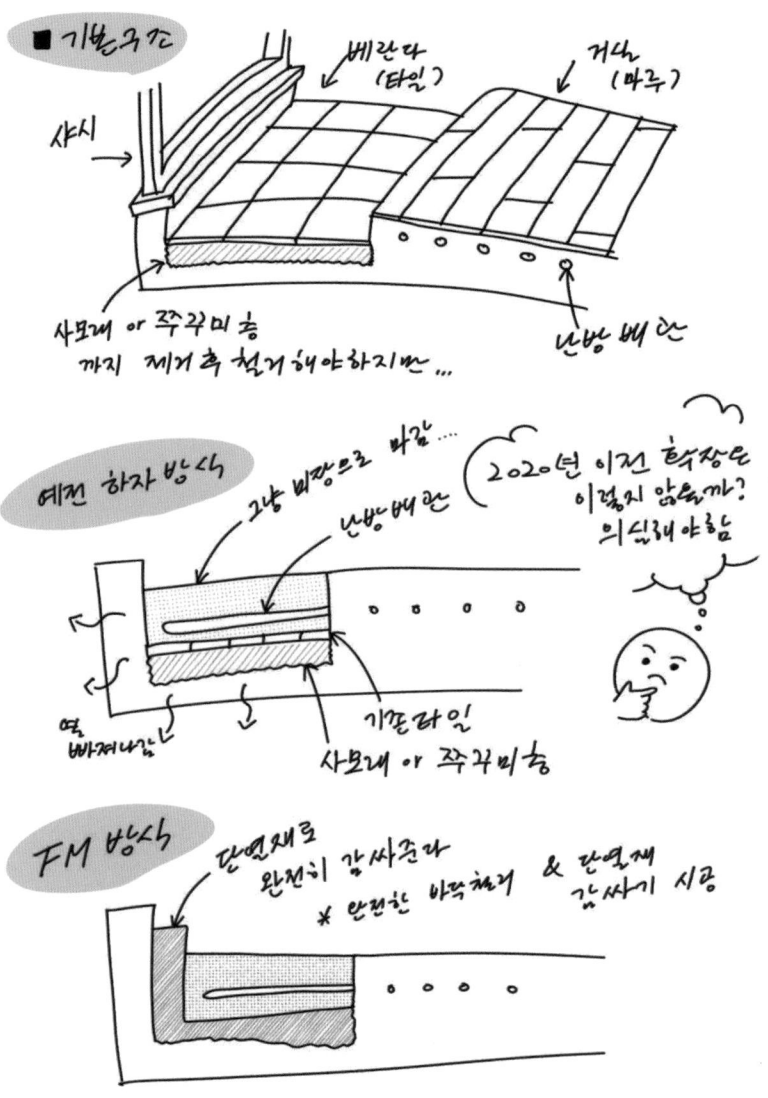

기존 확장을 의심해야 하는 이유

9. 창호 – 단열과 채광을 동시에 잡는 기술

창호는 집의 '외피'를 구성하는 핵심 요소다. 외부와 내부를 가르는 경계이며, 빛과 공기, 소리, 온도를 통제하는 가장 중요한 구조물이다. 특히 리모델링 현장에서는 오래된 샤시의 성능 문제로 인해 창호 교체가 인테리어 전반의 품질을 좌우한다.

반셀프 인테리어에서는 창호 공정이 철거와 설비 이후, 목공 전 단계에 배치된다. 확장 설비와 함께 바닥 하부 단열이 진행된 이후 창틀을 설치하고, 이후 목공 단계에서 내부 단열 마감을 하는 구조다.

좋은 창호는 단열 성능을 좌우한다. 특히 겨울철 결로, 여름철 냉방 손실은 대부분 창문 틈새와 단열 부족에서 발생한다. 요즘은 '로이유리(Low-E)'를 적용한 복층 유리, 삼중유리, 아르곤 가스 주입 등을 활용해 에너지 효율을 높인다.

또한 창호는 소음 차단과 방범 기능도 함께 고려해야 한다. 기존 아파트에 흔한 단창 구조는 외부 소음을 거의 막지 못하므로, 이중창 또는 방음 성능이 좋은 창호로 업그레이드하는 것이 중요하다. 특히 교통량이 많은 도로변 또는 학교 근처이거나, 어린아이가 있는 가정이라면 반드시 고려할 요소다.

미대오빠는 반셀프 인테리어에서 창호를 '단열의 시작점'이라 말한다. 단열재는 내부 목공에서 시공되지만, 창호가 부실하면 그 어떤 단열도 무용지물이 된다. 따라서 창호 교체는 단순한 외형 개선이 아닌 기능적 업그레이드로 접근해야 한다.

브랜드는 LX, KCC, 한샘, 영림, 이건창호 등이 대표적이며, 고급 창호는 디자인적으로도 매우 뛰어난 구성을 보여 준다. 특히 슬림 프레임 구조는 채광을 넓히면서도 모던한 느낌을 준다. 요즘 신축 아파트와 유사한 효과를 주고자 할 때 선택되기도 한다.

창호 교체는 규모가 큰 공사이기 때문에 공사 차량의 주차공간 확보, 아파트 단지별 주차 규정이나 관리사무소 승인도 미리 확인해 두어야 한다. (예: 설치 당일 아파트 외부 공간 확보, 양중 계획 - 사다리, 크레인, 윈치)

▶ 창호 체크포인트

- ☐ 기존 창호 상태 - 단창/이중창 여부, 누수/결로/소음 등 문제 확인
- ☐ 유리 스펙 - 복층/삼중/로이유리/아르곤 가스 주입 여부
- ☐ 프레임 - 프레임 두께 설정 및 슬림 디자인 고려
- ☐ 방범 기능 - 잠금장치와 이중 잠금, 방범 방충망(4층 미만)
- ☐ 시공 방식 - 철거 후 신설 기본, 기존 창 위 덧댐 방식은 비추천
- ☐ 단지 규정 - 샤시 색상, 외부 구조 변경 가능 여부 체크

창호는 외관만 보고 결정할 수 없다. 내부 공기의 질, 에너지 효율, 소음과 방범까지 모두 좌우하는 핵심 기술이기 때문이다. 반셀프 인테리어에서는 창호를 단순한 교체가 아닌, 전체 공간 성능을 결정짓는 구조물로 바라보자.

창호를 선택할 때 단순히 창의 사이즈만 고려해서는 안 된다. 실제로는 외부 풍경, 내부 동선, 사용 편의성까지 모두 종합적으로 고려해 설계해야 한다.

예를 들어 거실 창이 외부 조망이 탁 트인 공간이라면, 프레임을 얇게 설계하고 고정창의 비율을 높여 1:3 또는 1:4 구성으로 넓게 빼는 것이 좋다. 반대로 자주 여닫아야 하는 방 창이라면, 사용자가 주로 접근하는 위치를 고려해 열리는 문짝이 어느 쪽에 있어야 하는지, 안으로 여는 구조인지 바깥으로 여는지 등도 미리 결정해야 한다. (자주 사용하는 쪽을 '주

벤트'라고 지칭함)

또한 실제 시공에서 문제가 생겼을 때 빠르게 대응할 수 있는 브랜드를 선택하는 것도 중요하다. 미대오빠는 이러한 이유로 창호는 반드시 대기업 제품, 예를 들어 LX나 KCC와 같이 전국 A/S망이 갖춰진 브랜드를 사용하고 있다. 시공 중 유리 파손, 프레임 불량, 하자 발생 시 빠르게 대응할 수 있어야 다음 공정(목공, 도배 등) 일정에 영향을 주지 않기 때문이다.

▶ 창호 관련 용어 정리 및 설명

용어	설명
창틀(프레임)	샤시를 고정하는 **틀** 부분으로, 창짝을 끼우는 역할을 한다. 가격은 비싸지만, 샤시의 **실질적인 성능을 좌우하지는 않는다.**
창짝	창틀에 끼워지는 **움직이는 부분**으로, 손잡이가 달려 있다.
주 벤트	창이 주로 열리는 방향을 기준으로 손잡이가 달리는 위치.
복층 유리	두 겹의 유리가 들어간 형태로, 일반적인 샤시에 사용된다.
간봉	복층 유리 사이의 **간격을 유지**시켜 주는 부품이다. 단열 성능을 높이는 단열 간봉도 있다.
로이 유리	유리에 **나노 코팅**을 하여 열의 이동을 줄여 주는 유리이다. 약 30%의 에너지 절감 효과가 있다. 최근 더블 로이 유리도 시중에 출시되어 각광을 받고 있다. (약간 어두워짐)
아르곤 가스	복층 유리 사이에 주입하는 **충진 가스**로, 단열 성능을 높여 준다. 시험 데이터상 효과는 있지만, 실제 지속 기간은 불확실하다.

가스켓/테이프 (노 실리콘 방식)	최신 샤시에서 유리를 고정하는 방식으로, 실리콘 대신 사용되어 **변색이나 노후화 문제를 줄여 준다.**
열관류율	열이 물체의 내측과 외측을 통과하는 정도를 나타내는 지표이다. **수치가 낮을수록 단열 성능이 좋다.**
에너지 효율 등급	샤시의 단열 성능을 나타내는 등급으로, **1등급에 가까울수록 성능이 좋다.** 단창은 최대 3등급, 이중창은 기본 2등급 정도이다.
통바	창틀 옆에 추가로 설치하는 확장용 하드웨어. 단열을 위한 공간 확보용(45mm, 100mm).
단창	유리가 한 겹으로 된 창으로, 주로 발코니 외부에 사용된다. 단열 성능이 이중창보다 낮다.
이중창	유리가 두 겹으로 된 창으로, 단열 성능이 뛰어나 확장 부위나 침실에 주로 사용된다.
터닝 도어	일반 방문처럼 여닫이 방식이지만, **기밀성과 밀폐성이 뛰어난 샤시 문**이다.

10. 전기 – 콘센트 위치 하나가 삶의 질을 좌우한다

전기 공정은 인테리어에서 '가장 작지만, 가장 큰 차이를 만드는 공정'이다. 실제 시공에서는 눈에 잘 띄지 않지만, 콘센트 하나의 위치가 우리의 생활 편의성을 크게 좌우한다. 그래서 반셀프 인테리어에서는 전기 공정의 설계 단계에서부터 섬세하게 접근해야 한다.

특히 요즘 인테리어는 가구보다 가전의 비중이 커지고 있다. 빌트인 냉장고, 인덕션, 전기오븐, 전기건조기, 공기청정기, 로봇청소기, 각종 충전기까지… 전기 설비가 단지 '불을 켜는 일'이 아닌, '모든 가전과 집의 시스템을 연결하는 중심축'이 된 셈이다.

미대오빠는 전기 공정을 설계할 때 '가전이 놓일 자리를 먼저 계획하라'고 말한다. 전기 배선은 마감재 안으로 숨어 들어가기 때문에 나중에 바꾸는 것이 어렵다. 그래서 처음부터 콘센트 위치, 개수, 높이, 조명 배선의 위치까지 꼼꼼히 정리해 두는 것이 중요하다.

예를 들어 소파 옆에 스탠드 조명을 둘 생각이라면 그 근처에 콘센트가 있어야 하고, TV 뒤에는 콘센트 외에도 인터넷 포트, 셋톱박스 연결용 전원도 함께 있어야 한다. 주방은 특히 더 복잡하다. 커피 머신, 토스터, 정수기, 전기레인지, 후드 등 전원이 필요한 가전이 많고, 이들을 동시에 쓸 수 있도록 '회로 분리'와 '용량 설계'가 병행되어야 한다.

또한 최근에는 천장형 에어컨, 인덕션, 오븐류 등 고용량 제품이 많아졌기 때문에, 기본 차단기로는 감당이 안 될 수 있다. 이럴 땐 전기 증설을 해야 하며, 시공 전에 반드시 계획해야 한다.

전기 공정은 목공 전에 선 시공이 이루어지기 때문에, 전기 도면이 없으면 전체 일정이 꼬이기 쉽다. 반셀프 인테리어에서는 전기 도면을 직접 그려 보거나, 최소한 손으로라도 원하는 위치를 정리해 시공자에게 전달해야 한다.

그리고 콘센트, 스위치의 디자인도 전체 인테리어의 완성도를 결정짓는다. 요즘은 융, 르그랑 등 다양한 브랜드의 가로형 유럽형 스위치가 인기다. 스위치 하나의 위치와 방향만으로도 공간의 '정리감'과 '세련됨'이 크게 달라질 수 있다.

시선이 많이 가는 곳에 스위치를 모아 정리하거나, 벽선과 정렬을 맞춰 배치하는 것만으로도 공간의 완성도가 달라진다. 단순한 기능 이상의 디자인적 배려가 전기 공정에도 필요하다는 의미다.

다만 깔끔한 배선정리 및 스위치 회로 추가, 이동은 비용 상승으로 이어지기 때문에 이 점을 참고하여 설계에 반영한다. 조명 위치 변경, 스위치 추가, 가전제품 매립 등과 같은 디테일적 요소는 목공 비용 상승의 원인이 되므로 전기팀, 목공팀과 사전 조율이 필요한 부분이다.

▶ 전기공사 체크포인트

☐ 가전제품, 조명을 위한 배선 및 콘센트 위치를 설계했는가?
☐ 고용량 가전을 구입 예정인가? (예: 해외 인덕션 6,000W 이상)
☐ 실링팬, 천장형 에어컨 등 보강 또는 마감이 필요한 부분을 이후 공정에게 전달했는가? (예: 목공팀, 가구팀)
☐ 조명과 스위치의 위치와 디자인을 정했는가?
☐ 적당한 조도가 나오도록 조명을 배치했는가?
☐ 모든 위치와 수량이 도면상 명확하게 표시되어 있는가?

전기는 목공이 끝나고 마감(도배, 도장)을 하면 다시 고치기 어려운 공정이다. 생활 동선을 상상하면서 설계하고, 시공 전에 꼼꼼히 정리한다. 마감 후에는 감춰지는 그 전선을 따라 우리의 일상이 훨씬 더 편리하고 아름다워질 수 있다.

최근 IoT 연동을 위한 중성선 및 UTP선 포설이 필요한 현장이 많아지고 있어서 IoT를 준비 중인 현장이라면 전기팀과 IoT 팀의 사전 조율이 필요하다. 대부분의 전기팀은 IoT에 대한 지식이 많지 않으므로 포설 단계에서 팀간 연계가 중요하며, 기기간 연결 셋팅을 별도의 전문팀에게 의뢰하는 것을 추천한다.

11. 목공 – 공간의 뼈대를 짜는 일

목공은 공간의 구조와 흐름을 만드는 공정이다. 철거로 드러난 집의 내부를 처음으로 다시 세우는 작업이기도 하다. 천장, 벽, 문틀, 가벽, 몰딩, 문짝 등 눈에 보이는 많은 요소들이 목공의 손끝에서 탄생한다. 그래서 목공을 잘하면 집의 완성도가 올라가고, 반대로 목공이 엉성하면 아무리 마감이 좋아도 '싼 티'가 난다.

반셀프 인테리어에서 목공 공정은 아주 중요한 결정을 요구한다. 바로 '어디까지 목공으로 짤 것인가'다. 가벽을 세울지 말지, 천장을 얼마나 내려서 간접 조명을 넣을지, 몰딩을 쓸 것인지 줄일 것인지 등의 결정이 여기에 포함된다.

요즘은 몰딩을 최소화하고 마감하는 '미니멀 구조'가 인기를 끌고 있다. 하지만 이런 스타일일수록 목공의 정교함이 중요해진다. 예를 들어 벽과 천장의 이음선이 고르지 않으면 페인트나 벽지로 커버가 안 된다.

목공은 다른 공정과 긴밀하게 연결되어 있다. 전기 배선, 설비 배관, 간접 조명 매립 구조 등은 모두 목공과 협업해야 제대로 시공된다. 전기팀의 경우 목공의 협력에 따라 추가 진입 여부가 결정된다. (예: 추가 타공, CD관 매설 서포트) 바닥을 타일로 시공할 경우 목공에서 기준 먹선을 표시해 주어야 디테일한 타일 시공이 가능하다.

높은 디테일의 가구 마감을 계획하고 있다면 목공의 중요성은 더욱 높아지며, 가구가 어떻게 벽과 만나는지에 대한 자세한 설정이 필요하다. 이를 위해 미대오빠는 현장에서 직접 목공팀에게 구조에 대한 디테일을 잡아 완벽한 가구 마감 디테일이 나오도록 컨설팅하고 있다.

또한 반셀프 인테리어에서는 기존 자재를 살릴지, 철거할지를 결정할 때 목공이 큰 역할을 한다. 예를 들어 무몰딩 마감 예정 시 기존 벽면의 컨디션을 보존하며 몰딩/걸레받이를 철거해야 한다면, 단순 철거업체보다는 목공이 직접 정리하면서 처리하는 것이 섬세한 결과를 만든다.

미대오빠는 이런 경우 살릴 것은 살리고, 필요한 부분만 시공하여 예산을 줄이는 '정밀한 목공 전략'을 선호한다. 전체를 새로 짜는 게 아니라, 기존과 조화를 이루도록 보강하고 연결하는 방식이다.

목공이 진행될 때는 구조뿐 아니라 미적인 부분도 함께 고려해야 한다. 문틀과 도어가 어울릴 수 있게 디자인하거나, 몰딩의 두께나 각도를 조절해 공간의 분위기를 정리할 수 있다. 요즘 유행하는 '문선 없는 문틀', '히든도어', '스텝도어' 등은 모두 목공에서 결정된다.

결국 목공은 단순히 나무를 자르는 일이 아니라, 공간의 구조와 분위기를 동시에 설계하는 공정이다. 디자인적 이해도가 높은 목공 시공자를 선택하는 것이 중요한 이유이기도 하다.

▶ **목공 체크포인트**

☐ 가벽, 천장, 몰딩 등 전체 목공 범위를 도면 또는 메모로 정리했는가?

☐ 추가 전기 설비, 타일/필름/가구 마감면 설정을 통해 다른 공정과의 연계는 체크했는가?

☐ 문틀, 몰딩, 도어의 디자인 및 자재를 정했는가?

☐ 예민하게 살릴 구조는 목공이 철거할 수 있도록 협의했는가?

☐ 아치, 템바보드, 선반 등의 목공 구조물은 정확한 사이즈와 배치를 정했는가?

☐ 보강이 필요한 곳을 체크하여 목공과 후 공정에게 전달했는가? (실링팬, 벽걸이 TV)

목공은 집의 뼈대를 만드는 공정이다. 공간의 느낌은 목공에서 시작된다. 기능과 미감을 동시에 만족시킬 수 있도록, 반셀프 인테리어에서는 '목공 전략'을 명확히 세워야 한다.

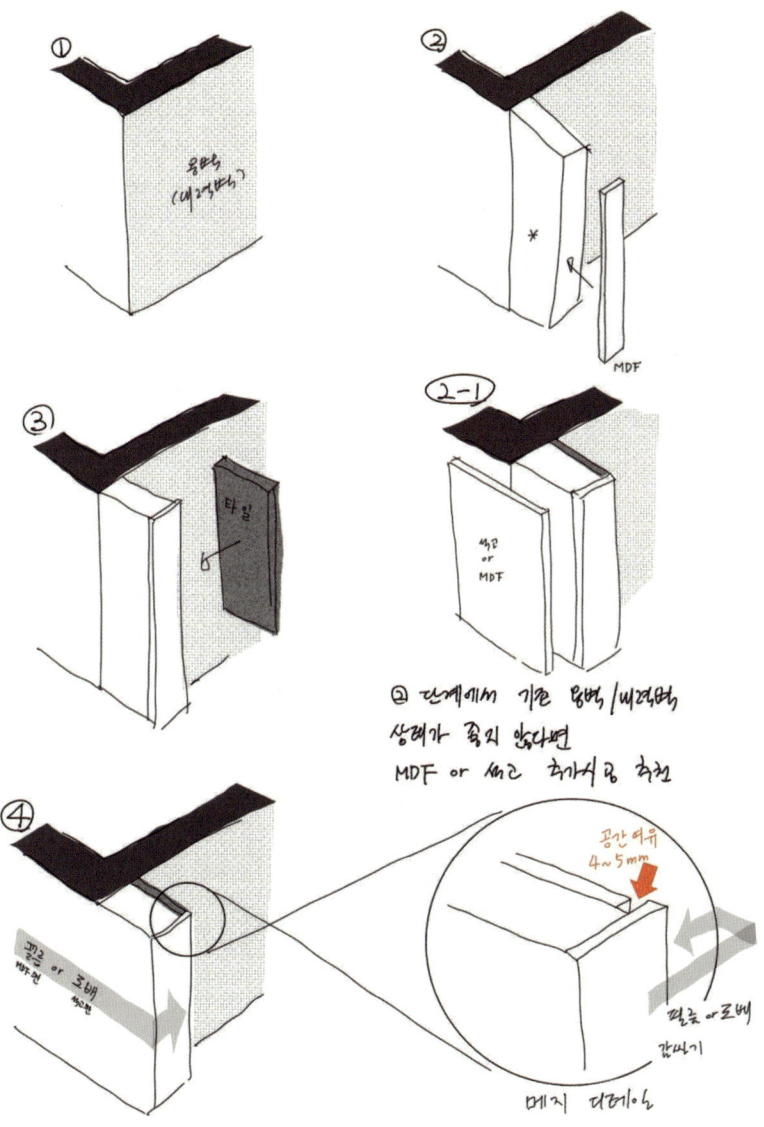

목공 가벽 마감 디테일

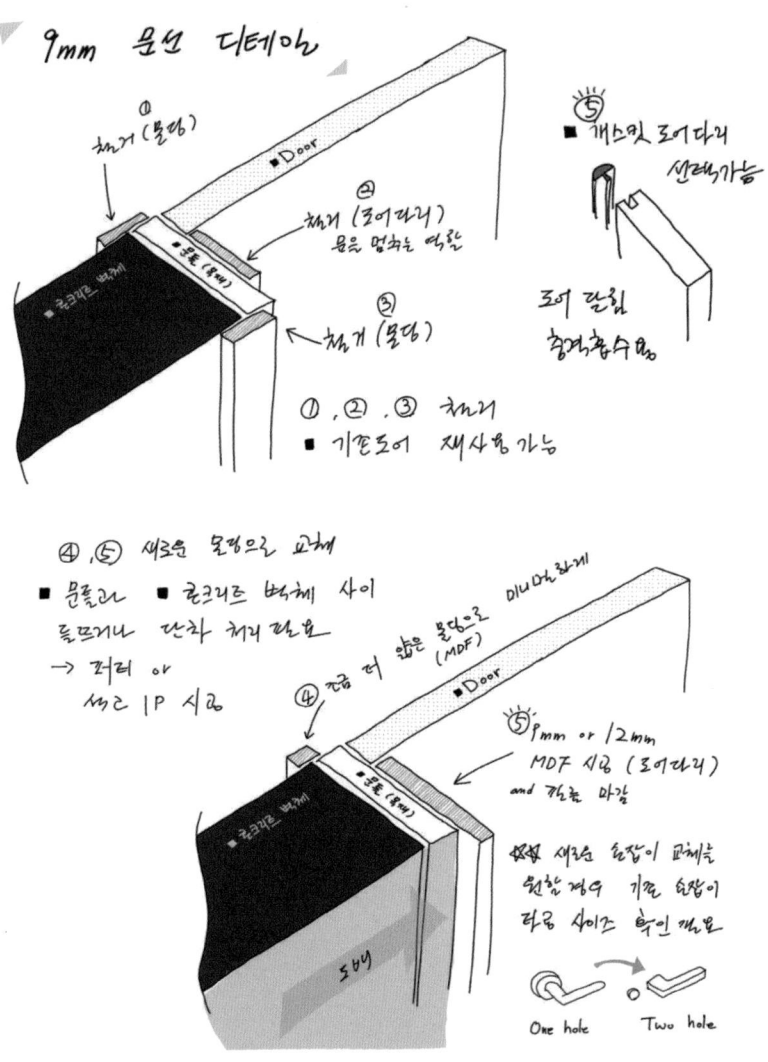

9mm 문선 디테일

12. 타일 – 스타일을 결정하는 가장 강력한 요소

타일은 인테리어에서 가장 시각적이고 강력한 인상을 남기는 마감재다. 작은 공간에도 큰 존재감을 주고, 바닥과 벽에 시공할 수 있으며, 재질과 색감, 패턴이 다양하다. 그래서 반셀프 인테리어에서 타일은 '스타일을 완성하는 포인트'라고도 불린다.

타일 시공은 보통 욕실, 주방, 현관에 집중되지만 최근엔 거실, 포인트 벽면, 가구 마감 등으로 확장되고 있다. 특히 세라믹 타일, 인조대리석 타일, 빅슬랩 타일 같은 고급 자재들이 많이 사용되며, 작업 난이도와 디자인 완성도도 함께 높아지고 있다.

타일은 소재 선택이 중요하다. 유광, 무광, 폴리싱, 논슬립, 소형/대형 등 다양한 종류가 있고, 공간의 기능과 분위기에 맞는 선택이 필요하다. 예를 들어, 욕실 바닥은 미끄럼 방지 기능이 필수이고, 주방 벽면은 오염에 강한 제품이 적합하며, 현관 바닥은 먼지나 오염에 강한 타일이 안정적이다.

요즘은 600*600mm 이상의 대형 타일이 인기가 높다. 시중에 많이 소개가 되면서 가격도 합리적이고, 디자인도 다양해 바닥, 벽체, 가구, 선반 등 다양한 마감 요소로 사용이 가능하다.

반셀프 인테리어에서는 타일 자재를 소비자가 직접 고르는 경우가 많기 때문에, 타일의 크기, 두께, 모서리 마감(졸리컷), 줄눈 색상까지 모두 신경 써야 한다. 특히 줄눈은 타일의 디자인을 살릴 수도, 망칠 수도 있는 요소이기 때문에 사전에 샘플링을 하는 약간의 수고도 필요하다.

시공 면에서도 체크할 것이 많다. 타일은 절단이 필요한 공정이기 때문에, 공간 구조에 따라 남는 부분이 생긴다. 타일의 시작점을 어디로 잡을지, 수직 정렬을 할지, 줄눈 간격을 몇 mm로 할지 등의 디테일이 전체 분위기를 좌우한다. (이러한 디테일한 영역은 타일팀과 상의 후 결정하는 것을 추천)

한두 장 샘플만으로는 정확한 분위기 파악이 어렵기 때문에 전문 타일 매장을 방문하여 공간에 설치된 분위기를 파악하거나, 사진 자료를 최대한 활용하는 것이 중요하다.

그리고 최근에는 '한 공간 두 타일' 조합도 많다. 예를 들어 세면대 정면 쪽에 포인트 타일을 설치하여 조금 더 개성 있게 표현하는 방식이다. 한쪽 벽을 뒤덮는 육중한 거울장보다는 거울과 수납을 따로 설치하여 포인트 타일을 강조하기도 한다. 이처럼 타일은 단순히 마감재가 아니라 심심하고 좁은 욕실 공간을 멋지게 연출할 수 있는 디자인의 핵심 요소가 된다.

▶ 타일 시공 체크포인트

☐ 타일의 소재(유광/무광/논슬립/컬러)를 공간에 맞게 선택했는가?
☐ 줄눈 색상은 자재에 맞게 조화롭게 결정했는가?
☐ 시작 위치와 절단 방향을 현장에서 협의했는가?
☐ 현관, 욕실, 주방 등 용도에 따라 미끄럼/오염 방지, 기능을 고려했는가?
☐ 빅슬랩 사이즈(대형 타일 등)는 현장입고가 가능한가? (엘리베이터 공간)
☐ 타일의 박스 수량과 여분은 충분히 확보했는가?

타일은 작은 면적에도 강한 분위기를 만들 수 있는 마감재다. 색감과 질감, 패턴까지 고민해서 고르면 '이 집 스타일 좋다'는 말을 듣는 첫 번째 포인트가 된다. 반셀프 인테리어의 감각은 타일에서 확실히 드러난다.

▶ 욕실 타일, 후회 없이 고르는 완벽 가이드

1) 욕실 타일 선택, 왜 중요한가?

 욕실 타일은 단순히 미적인 요소를 넘어 안전, 관리, 비용 등 다양한 측면에서 중요한 선택이다. 잘못된 선택은 큰 후회로 이어질 수 있으며, 한번 시공하면 교체가 매우 어렵다. 붙이고 난 타일은 다시 떼어낼 때 철거해야 할 정도로 큰 공사가 된다. 따라서 신중한 접근이 필요하다.

2) 욕실 타일 선택 전, 이것부터 확인한다: 사용자 및 용도 파악

- 욕실을 사용하는 주 사용자의 연령대와 특성을 고려해야 한다. 특히 어린이나 노약자가 있다면 미끄럼 방지 기능이 필수적이다.
- 욕실에서 넘어지는 것은 큰 사고로 이어질 수 있으므로, 사용자의 안전을 최우선으로 고려해야 한다.
- 욕실의 전체적인 분위기와 용도를 미리 상상하고 결정하는 것이 중요하다. 밝은 톤의 욕실을 원하는지, 차분한 분위기를 원하는지 등을 먼저 상상해야 한다.

3) '숲'을 보는 안목: 전체적인 이미지 구상하기

- 타일 한 장만 보고 결정하는 것은 '나무만 보고 숲을 못 보는' 격이다. 한 장의 타일이 예뻐 보여도, 전체 욕실에 시공했을 때 예상과 다른 느낌이 날 수 있다.
- 인스타그램이나 핀터레스트 등에서 원하는 욕실 이미지를 충분히 찾아보고, 그 이미지를 기준으로 타일을 선택해야 한다. 이는 혼란을

줄이고 원하는 결과에 도달하는 가장 합리적인 방법이다.
- 미리 명확한 컨셉을 정해 두면 타일 매장에서 수많은 선택지 앞에서 혼란을 겪지 않고 빠르게 결정을 내릴 수 있다. 이는 시간과 에너지를 절약하는 현명한 방법이다.

4) 타일의 종류와 특징: 자기질 vs 도기질
- 타일은 크게 자기질과 도기질로 나뉜다. 이 둘의 가장 큰 차이는 강도와 용도이다.

종류	특징	주 사용처
자기질	강도가 단단하여 벽과 바닥 모두에 사용이 가능하다.	벽, 바닥
도기질	강도가 약해 주로 벽에 사용된다. 자기질보다 가볍고 시공이 편리하며 가격이 합리적이다. 타일 옆면이 흙색을 띠는 경우가 많다.	벽

- 타일 매장에서는 '자기질', '도기질'이라는 용어 대신 '폴리싱', '포세린' 또는 '벽용', '바닥용'과 같은 용어를 사용하는 경우가 많다.

5) 자기질 타일 심층 분석: 폴리싱 vs 포세린
- 자기질 타일 안에서도 크게 폴리싱과 포세린으로 구분된다.

종류	특징	장점	단점
폴리싱	광택이 있는 타일이다.	시공 후 새것처럼 보이며, 때가 잘 타지 않고 청소가 용이하다. 럭셔리하고 화려한 호텔 같은 분위기를 연출하는 데 효과적이다.	물기가 있으면 매우 미끄러울 수 있어 어린이나 노약자가 있는 가정에는 위험할 수 있다.

포세린	무광의 타일이다. 요즘 가장 유행하는 타일 종류이다.	담백하고 모던한 분위기를 연출하며, 강도가 매우 좋다. 대형 타일(600x1200mm 이상)로도 많이 출시되어 넓은 공간에 시원한 느낌을 준다.	일반 타일에 비해 무겁기 때문에 시공 시 2인 이상이 필요하여 시공비가 높아질 수 있다. 단단하여 수건걸이 등 액세서리 설치를 위한 구멍을 뚫는 작업이 어렵고, 구멍당 추가 비용이 발생하기도 한다. 타일이 단단한 만큼 보수가 어렵고, 대형 타일은 작은 파손에도 전체를 교체해야 할 수 있어 관리 측면에서 번거로울 수 있다.

6) 타일 크기의 미학: 모자이크, 중형, 대형 타일의 장단점

- 모자이크 타일

- 다양한 컬러와 패턴으로 개성을 표현하기 좋다.

- 곡선 벽면에도 시공이 용이하여 수영장이나 기둥 같은 공간에 적합하다.

- 줄눈이 많아 곰팡이, 물때 등 관리가 어렵고 청소할 면적이 넓어진다.

- 시공 시 타일이 깨끗하게 잘리지 않는 경우가 많아 마감이 깔끔하지 않을 수 있다.

- 대형 사이즈로는 거의 나오지 않아 주로 작은 공간에 포인트로 활용된다.

- 중형 타일(300x600mm)

- 가장 합리적인 가격대에 다양한 종류가 있으며, 시공자들도 가장 익숙하여 시공이 용이하다.

- 심플하고 합리적인 욕실을 원한다면 가장 추천하는 사이즈이다.

- 대형 타일(600x600mm, 600x1200mm 이상)

- 호텔처럼 럭셔리하고 특별한 분위기를 연출하는 데 효과적이다. 타일이 클수록 고급스러운 느낌을 준다.
- 줄눈의 면적이 작아져 청소가 용이하며, 욕실이 넓어 보이는 효과가 있다.
- 타일 가격이 높고, 시공비도 더 많이 든다.
- 타일이 깨졌을 때 보수가 어렵고, 교체 시 큰 면적을 다루어야 하므로 비용과 시간이 더 많이 소요된다.

7) 줄눈의 비밀: 색상 선택과 관리 팁
- 줄눈은 타일 사이를 메우는 역할을 하며, 색상 선택에 따라 욕실 분위기와 관리 편의성이 크게 달라진다.
- 줄눈의 색상은 매우 다양하며, 국산뿐 아니라 수입 제품들도 있어 선택의 폭이 넓다.
- **타일과 비슷한 색상의 줄눈**을 선택하면
  - 타일이 일체감 있고 깔끔하게 보여 욕실이 더 넓어 보인다.
  - 줄눈에 때가 덜 타 보이고, 청소 및 관리가 용이하다.
- **어두운 색상의 줄눈**을 선택하면
  - 타일 색상과 대비되어 포인트를 줄 수 있다.
  - 하지만 마르고 나면 색소가 고르지 않아 얼룩덜룩해 보이거나, 빈티지한 느낌이 나지 않을 수 있다.
  - 깔끔한 욕실을 원한다면 어두운 줄눈은 후회로 이어질 수 있으므로 신중하게 선택해야 한다.
- 모자이크 타일처럼 줄눈이 많이 들어가는 경우, 줄눈 색상 선택은 더

욱 중요하며, 어두운 줄눈은 얼룩덜룩해 보일 가능성이 더 높다.
- 줄눈 코팅 등 추가적인 관리 방법도 있지만, 줄눈 자체의 색상 선택이 가장 기본적이고 중요하다.

8) 현명한 타일 구매 전략
- 무작정 타일 매장에 직접 방문하기보다는 미리 원하는 이미지를 정하고 매장 내 전문가의 도움을 받는 것이 좋다.
- 다양한 타일 앞에서 혼란을 겪기 쉬우므로, 명확한 컨셉을 가지고 선택지를 좁혀 나가는 것이 중요하다. 미리 정해둔 이미지를 휴대폰에 저장하여 매장에 가져가는 것도 좋은 방법이다.
- 전문가의 도움을 받아 이미지에 맞는 타일을 제안받고 선택하는 것이, 직접 모든 것을 보면서 결정하는 것보다 원하는 결과에 도달할 확률이 높다.
- 선택지가 많을수록 오히려 올바른 판단을 내리기 어려우므로, 목적을 분명히 하고 선택지를 좁혀 나가는 전략이 필요하다.

9) 후회 없는 욕실 타일 선택을 위한 최종 점검
욕실 타일은 한번 시공하면 되돌리기 어렵다. 사용자의 특성, 원하는 이미지, 타일의 재질과 크기, 줄눈 색상까지 모든 요소를 종합적으로 고려하여 신중하게 결정해야 한다. 타일은 단순히 벽과 바닥을 마감하는 것을 넘어, 욕실의 전체적인 분위기와 사용자의 안전, 관리 편의성까지 좌우하는 중요한 요소이다. 이 가이드가 당신의 완벽한 욕실을 만드는 데 도움이 되기를 바란다.

13. 도장/도배 – 가장 넓은 면적, 가장 큰 분위기

도장과 도배는 인테리어 공정 중 가장 넓은 면적을 차지하면서, 집 전체의 분위기를 좌우하는 핵심 공정이다. 특히 반셀프 인테리어에서는 이 도장/도배 공정을 통해 전체 예산을 조절하면서도 공간의 퀄리티를 끌어올릴 수 있다.

요즘 인테리어 현장에서는 목공과 전기 시공 비율이 점점 높아지고 있고, 시공자의 인건비 또한 상승하고 있다. 이런 상황에서 미대오빠는 전체 예산 구조를 조정하기 위해 도배 공정에 더 집중한다. 목공의 비율을 줄이되, 퍼티 작업을 더욱 정교하게 해서 벽면 퀄리티를 높이고, 결과적으로 전체 비용은 절감하는 전략이다.

미대오빠는 도배의 기능을 단순한 마감이 아니라, '공간 퀄리티를 조정하는 레버'로 활용한다. 목공에 들어갈 비용을 절약하면서, 그만큼 도배에 정성을 들이면 시각적 완성도는 오히려 올라가기 때문이다.

반면 도장은 고급스럽고 깊이 있는 컬러감을 표현할 수 있는 방법이다. 특히 벽과 천장을 하나의 톤으로 통일한 미니멀 인테리어에서는 도장이 큰 역할을 한다. 하지만 시공 난이도가 높고, 건조 시간과 높은 금액으로 인한 진입 장벽의 문제도 있기 때문에, 예산과 일정에 여유가 있는 경우 선택하는 것이 좋다.

도배와 도장을 어떻게 나눌지는 결국 스타일과 예산에 따라 결정된다. 미대오빠는 예산이 제한적일수록 도배의 완성도를 높이는 것을 추천한다. 퍼티 도배만으로도 충분히 고급스러운 느낌을 낼 수 있으며, 벽지의 질감과 컬러, 시공자의 숙련도만으로도 공간의 품격이 달라진다.

도배는 실크, 합지, 수입 벽지, 패브릭 벽지 등 선택지가 다양하다. 벽지 하나만 잘 골라도 공간의 톤이 정돈되고 조명과의 조화까지 좋아지므로, 색상과 질감 선택이 그만큼 중요하다.

특히 프리미엄 도배는 무몰딩을 기본으로 공간 그 자체의 공간감을 극대화 시키는 공법이다. 몰딩 없이 석고로 마감된 벽면을 퍼티로 2~3회 반복해 벽면을 정리한 후, 벽지를 밀착해 마감하는 방식으로 시공한다. 기존에는 울퉁불퉁한 벽면을 띄움 시공으로 커버했지만, 목공의 도움을 받아 한층 고급스러운 표면 처리가 가능하다. 현재 국내에서 밀착도배를 할 수 있는 팀은 손에 꼽을 만큼 적은 상태이며 LX의 디아망 포티스 제품을 주력으로 사용한다.

도장과 도배 모두 시공 전 벽 상태가 중요하다. 퍼티 마감이 울거나 갈라지면 이후 어떤 마감도 티가 난다. 사전 작업, 건조 시간 등을 함께 고려해 일정도 조율해야 한다. 무몰딩 디테일을 위한 퍼티 시공이 늘어나면서 3~5일 정도 여유 있게 일정을 할당한다.

▶ 도장/도배 체크포인트

☐ 도배 중심 시공인지, 도장 중심 시공인지 기준을 정했는가?
☐ 목공 석고, 퍼티 작업, 부착 시공, 띄움 시공을 할 벽 범위를 정했는가?
☐ 텍스쳐와 컬러는 조명/시간대에 따라 테스트해 보았는가?
☐ 도장과 도배 구역을 구분해 도면 또는 메모로 정리했는가?
☐ 시공 후 오염을 방지하기 위해 보양 계획은 세웠는가?
☐ 벽지 여분 확보, 도장 도료 용량은 충분한가? (팀장님과 협의)

벽은 시선을 사로잡지 않지만, 공간을 완성하는 배경이다. 도배 하나로 비용을 아끼면서도 퀄리티를 높일 수 있다면, 그것이야말로 반셀프 인테리어의 진짜 기술이다. 미대오빠가 선택한 도배 전략처럼, 당신도 예산과 감각을 모두 만족시키는 선택을 할 수 있을 것이다.

▶ 도배, 이것만 알면 후회 없다: 합지 vs 실크, 당신의 선택은?

도배는 단순히 벽지를 바르는 것을 넘어, 집의 분위기를 바꾸는 중요한 작업이다. 잘못된 선택은 재시공의 어려움과 비용 낭비로 이어질 수 있으므로, 신중한 접근이 필요하다.

1) 합지 벽지 vs 실크 벽지: 재질부터 이해하기

도배의 핵심은 합지와 실크 벽지의 차이를 이해하는 것이다. 두 벽지는 재질에서 큰 차이를 보이며, 이는 시공 결과와 사용성에 직접적인 영향을 미친다.

구분	합지 벽지	실크 벽지
재질	종이를 여러 겹 붙여 만든 벽지	PVC(폴리염화비닐)를 입힌 벽지
촉감	종이 느낌이 강하며 부드럽다	코팅되어 있어 단단하고 매끄럽다
특징	친환경적, 가격 저렴	오염 및 내구성 강함, 관리 용이

2) 합지 벽지의 장점과 단점: 친환경적이지만 관리가 필요하다

- **장점**
- **저렴한 가격**: 합지 벽지는 실크 벽지에 비해 가격이 저렴하여 예산 부담을 덜 수 있다.
- **친환경 재질**: 종이로 만들어져 아토피가 심하거나 면역력이 약한 분들도 안심하고 사용할 수 있는 친환경적인 벽지다.
- **단점**
- **이음매 노출**: 벽지를 겹쳐서 시공하기 때문에 이음매가 눈에 띌 수 있다.
- **약한 내구성**: 종이 재질이라 쉽게 찢어질 수 있으며, 테이프를 붙였다 떼거나 오염물을 닦는 과정에서 벽지가 손상될 위험이 크다.
- **관리의 어려움**: 오염에 취약하고 쉽게 훼손될 수 있어 세심한 관리가

필요하다.

3) 실크 벽지의 장점과 단점: 내구성과 편리함, 그 이상의 가치

- **장점**
- **깔끔한 이음매**: 벽지를 맞대어 시공하므로 이음매가 거의 보이지 않아 시공 후 매우 깔끔한 마감을 자랑한다.
- **강한 오염 저항성**: PVC 코팅 덕분에 오염에 강하여 생활 오염 시 물걸레로 쉽게 닦아낼 수 있다.
- **우수한 내구성**: 합지 벽지보다 훨씬 튼튼하여 오랫동안 새것처럼 유지할 수 있다.
- **편리한 관리**: 오염과 손상에 강해 관리가 매우 편리하다.

- **단점**
- **상대적으로 높은 가격**: 합지 벽지보다는 가격이 조금 더 높다.

4) 공간별 벽지 선택, 통일이 대세!

과거에는 거실은 실크 벽지, 방은 합지 벽지처럼 공간마다 다른 벽지를 사용하는 경우가 많았다. 하지만 요즘은 집 전체를 한 가지 벽지로 통일하는 것이 추세다. 이렇게 하면 벽지 로스(손실)를 줄여 예산 면에서 크게 절감 효과를 볼 수 있고, 디자인적으로도 집 전체에 통일감과 안정감을 줄 수 있기 때문이다.

5) 당신에게 맞는 벽지는? 거주 기간에 따른 현명한 선택 가이드

벽지를 선택할 때는 거주 기간과 목적을 고려하는 것이 중요하다.

- **단기 거주(월세, 전세)**: 월세나 전세처럼 짧은 기간 거주할 계획이라면 합지 벽지를 추천한다. 합지 벽지는 가격이 저렴하여 초기 비용 부담이 적고, 단기 거주에는 내구성이나 관리 편의성보다는 경제성이 더 중요할 수 있기 때문이다.
- **장기 거주(자가)**: 직접 거주하거나 장기간 머무를 계획이라면 실크 벽지를 추천한다. 실크 벽지는 내구성이 뛰어나고 관리가 용이하여 오랫동안 깨끗하게 사용할 수 있으며, 주거 만족도를 높이는 데 기여한다.

6) 합지 vs 실크, 한눈에 비교하는 최종 정리

구분	합지 벽지	실크 벽지
장점	친환경적, 저렴한 가격	깔끔한 이음매, 오염에 강함, 우수한 내구성, 편리한 관리
단점	이음매 노출, 약한 내구성, 찢어지기 쉬움, 관리 어려움	합지보다 높은 가격
추천	단기 거주, 예산이 제한적일 때	장기 거주, 높은 품질과 편의성을 원할 때

14. 마루/장판 – 바닥이 곧 인테리어의 바탕

바닥은 인테리어에서 가장 넓은 면적을 차지하는 요소이자, 매일 발로 닿는 공간이다. 그래서 바닥재는 단순한 마감재가 아니라, 집의 분위기와 촉감을 결정하는 중심축이다. 시각적으로는 공간을 넓고 통일감 있게 만들고, 촉각적으로는 따뜻함과 안정감을 전한다.

현재 가장 많이 쓰이는 바닥재는 강마루다. 내구성과 가격, 디자인의 균형이 좋아 대중적으로 선택된다. 특히 최근에는 와이드 강마루, 타일 패턴, 리얼 엠보싱 처리 등 고급스러운 질감 표현이 가능한 제품들이 많아졌다.

요즘 트렌드는 마루 폭이 점점 넓어지는 것. 와이드 마루는 공간을 더 넓고 고급스럽게 보이게 하지만, 시공 난이도는 올라간다. 바닥 평탄도가 맞지 않으면 들뜸 현상이 생기기 쉽고, 셀프 레벨링, 디커플링 매트 시공 등 추가 작업이 필요하다.

한편, 고급스러움을 더 원한다면 '원목마루'도 고려해 볼 수 있다. 원목마루는 천연 목재 특유의 따뜻한 감성과 고유한 무늬결이 살아 있어 '고급 주택'의 느낌을 내기에 좋다. 하지만 습기와 충격에 민감해 관리가 어렵고, 강마루보다 비용이 2~3배가량 높다. 그래서 미대오빠는 꼭 원목 느낌이 필요하다면 고급 강마루 중에서도 '원목 질감 표현'이 좋은 제품을 선택할 것을 권장한다.

가장 각광받고 있는 타일형 마루는 넓고 미니멀한 공간을 연출하는 좋은 아이템이다. 초창기 300*600 사이즈에서 600*600, 800*800, 900*900, 1200*1200으로 대형화되고 있는 추세로, 기존 강마루보다 시공비가 올라가지만 고급스러운 마감 디테일로 인해 인기 절정의 바닥 마감재로 자리매김하고 있다.

장판은 여전히 실용적이고 뛰어난 선택지다. 특히 무릎이 약하거나, 아이들이 아직 어리다면 집에서는 장판 특유의 쿠션감이 장점이다. 시공이 간편하고 방수가 뛰어나며, 온기가 잘 전달되어 겨울철에도 따뜻한 바닥을 원할 때 선호된다. 최근에는 장판도 트렌디한 우드 패턴이나 타일 무늬 제품이 다양하게 출시되고 있어, 미적인 아쉬움도 보완되고 있다.

장판은 특히 예산을 줄이고 싶은 경우, 혹은 임대 목적의 리모델링에서 유용하다. 하지만 들뜸 방지 및 깔끔한 코너 마감을 위한 시공자의 섬세한 컷팅 노하우가 필요하다. 또한, 무늬 정렬, 이음새 처리, 벽면 실리콘 마감이 깔끔한 결과를 만든다. 최근에는 장판의 걸레받이를 없애고 도배 코너에 바로 시공하는 미니멀 연출 시공도 늘어나고 있다.

반셀프 인테리어에서는 바닥재 선택이 자유롭기 때문에, 예산과 디자인, 생활방식에 맞춰 전략적으로 고를 수 있다. 예를 들어 거실과 주방은 강마루, 아이 방은 장판, 침실은 원목마루처럼 공간별로 구분하여 시공하기도 한다.

　미대오빠는 시공 전에 반드시 샘플을 자연광과 조명 아래 비교해 볼 것을 권한다. 우드 패턴 마루는 넓은 공간에 깔았을 때 색감이 더 진하게 보이고, 장판은 질감이 가까이서 볼 때와 멀리서 볼 때 다르게 느껴진다. (빛 반사 영향) 좋은 바닥재는 단순히 공간을 덮는 것을 넘어, 감성과 실용성 모두를 채워 주는 기반이 된다.

▶ 마루/장판 체크포인트

- ☐ 마루의 종류(강마루, 원목마루, 타일형 마루 등)와 기능을 비교했는가?
- ☐ 장판의 부풀어 오름 현상, 빛 반사에 대한 충분한 이해를 했는가?
- ☐ 샌딩or수평몰탈 시공으로 바닥면을 수평화해야 하는가?
- ☐ 걸레받이 마감 방식(몰딩 유무, 실리콘 마감 등)을 결정했는가?
- ☐ 공간별로 바닥재를 달리할 경우, 연결부 마감 방법은 고려했는가?
- ☐ 샘플을 직접 보고 자연광과 조명에서 색감을 확인했는가?

바닥은 집의 바탕이다. 어떤 재질을 선택하느냐는 곧, 집을 어떤 감도로 살고 싶은가에 대한 답이다. 아이를 위한 부드러움, 예산을 위한 실용성, 취향을 위한 질감과 색감. 반셀프 인테리어에서는 바닥 선택부터가 '집의 분위기를 결정짓는 출발점'이다.

▶ 국내 강마루 브랜드 완벽 가이드: 우리 집에 딱 맞는 마루 선택하기

1) 마루를 선택해야 한다면, 강마루

강마루는 최근 주택 인테리어에서 가장 주목받는 바닥재 중 하나다. 합판 위에 강화 필름을 입혀 만든 하이브리드 바닥재로, 나무의 자연스러운 질감과 강화마루의 뛰어난 내구성을 동시에 갖추고 있다. 찍힘이나 긁힘에 강하고, 습기에도 비교적 강해 유지 관리가 용이하다는 장점이 있다. 또한, 열전도율이 좋아 온돌 문화에 익숙한 국내 주거 환경에 적합하며, 다양한 디자인과 색상으로 어떤 인테리어 스타일에도 잘 어울린다는 점에서 많은 사랑을 받고 있다. 우리 집의 분위기를 결정짓는 중요한 요소인 만큼, 신중한 선택이 필요하다.

2) 국내 대표 강마루 브랜드 한눈에 비교하기

브랜드	주요 내용	비고
LX 하우시스	뛰어난 방수/스크래치	반려동물에 특화된 마루, 바닥 요철로 인한 하자 이슈가 있음 (세심한 샌딩 필요)
KCC 숲 강마루	가성비	합리적인 가격에 준수한 품질, 타 업체 강마루에 비해 저렴한 가격
한솔홈데코	강도 높은 MDF 마루	실속형 인테리어, 훌륭한 MDF 강도, 타일형 강마루 800x800사이즈 가능
구정마루	천연 원목 질감, 고급스러운 분위기	내구성이 좋은 합판 기반 마루 제작, 다양한 수종, 1200x1200, 2400x230 대형 사이즈 생산
동화 자연마루	가장 대중적 브랜드	가장 큰 전국 유통망, 가성비 좋은 MDF 기반 마루

3) 고급스러움과 기능성을 동시에, LX 하우시스 에디톤 마루

LX 하우시스 에디톤 마루는 기능성을 높인 고강도 마루로, 석재를 분쇄하여 고분자 수지와 함께 고온, 고압으로 압축한 고강도 보드판을 베이스로 만들어 매우 강한 강도를 지니고 있다. 특히 물이나 습기에 강한 방수 기능과 생활 스크래치에 강한 내구성은 일상생활에서 발생할 수 있는 손상으로부터 마루를 보호해 준다. 강력한 내오염성을 갖고 있기 때문에 아이가 있는 집이나 반려동물이 있는 집에 추천되고 있다. 다만 바닥의 평활도가 좋지 않을 경우 하자 발생률이 높아지므로 세심한 샌딩 작업이 필수적이다.

4) 가성비와 내구성을 겸비한 KCC 숲 강마루

KCC 숲 강마루는 합리적인 가격에 우수한 품질을 제공하는 가성비 좋은 강마루로 평가받는다. 경쟁 마루 회사에 비해 뒤늦게 마루 시장에 뛰어들어서 아직은 수종이 많지 않지만, 준수한 디자인과 품질, 무엇보다 유명 마루 회사에 비해 상대적으로 저렴한 금액이 장점이다.

5) 합리적인 선택, 한솔홈데코 강마루

한솔홈데코 강마루는 국내 브랜드 중에서도 가장 많은 특판 현장에 납품을 한, 나름 시장에서 오랜 경험과 노하우가 있는 마루 브랜드이다. 한동안 아파트 단지에 대단위로 대량 납품에 집중하다가 최근 개별 인테리어 시장에 관심을 보이고 SB 마루를 필두로 타일형 강마루를 런칭하는 등 공격적인 시장 진출을 꾀하고 있다. MDF 마루가 수분에 약하다는 단점을 극복한 제품을 개발하여 시장에서 관심을 모으고 있으며, 타사 대비 큰 사이즈, 저렴한 가격, 내구성 높은 SB 마루는 시장에서 높은 경쟁력을 갖고 있다.

6) 천연 원목의 감성, 구정마루

구정마루는 천연 원목의 질감을 그대로 살린 프리미엄 강마루로 유명

하다. 실제 원목을 보는 듯한 생생한 질감과 고급스러운 색감은 공간에 따뜻하고 품격 있는 분위기를 연출한다. 특히 고급 주택이나 전원주택 등 자연 친화적인 공간에 시공될 때 그 진가가 발휘된다. 원목 마루의 아름다움을 선호하지만 관리의 어려움 때문에 망설였다면, 구정마루가 최적의 대안이 될 수 있다. 최근 타일형 강마루를 출시하고 대형 사이즈를 출시하여 높은 인기를 끌고 있다.

7) 대중적인 인기, 동화 자연마루

동화 자연마루는 현재 타일형 마루의 유행을 이끌어 낸 업체이다. MDF를 기반으로 다양한 강마루 제품으로 시장에서 높은 점유율을 유지하고 있으며, 가장 대중적인 브랜드 이미지와 함께 좋은 디자인을 많이 보유하고 있는 브랜드이다. 타 경쟁사 대비 가격, 디자인, 내구성에 비교 우위를 점하고 있으며, 선택 장애가 있는 분들에게 무난하게 추천해 줄 수 있는 국민 브랜드이다.

8) 숨겨진 보석, 기타 강마루 브랜드 알아보기

위에서 소개한 주요 브랜드 외에도 노바 강마루, 풍산 강마루, 이건 강마루 등 다양한 중소 강마루 브랜드들이 있다. 이들 브랜드 역시 각자의 특징과 장점을 가지고 있지만, 품질 편차가 있을 수 있으므로 선택 시 더욱 신중해야 한다. 직접 샘플을 확인하거나 시공 후기를 꼼꼼히 살펴보는 등 현장 확인 과정을 통해 신뢰할 수 있는 브랜드를 선택하는 것이 중요하다.

9) 우리 집에 딱 맞는 강마루 선택 가이드

우리 집에 가장 잘 맞는 강마루를 선택하기 위해서는 몇 가지 핵심 요소를 고려해야 한다.

- **고급 인테리어 추구**: 공간의 품격과 디자인을 최우선으로 한다면 원목마루나 구정마루를 추천한다. 이들 브랜드는 미려한 디자인과 뛰어난 마감으로 고급스러운 분위기를 연출하는 데 탁월하다.
- **가성비 및 실용성**: 합리적인 가격에 준수한 품질을 원한다면 KCC 숲 강마루나 한솔홈데코가 좋은 선택이다. 내구성과 안정적인 서비스를 제공하여 실용적인 측면을 만족시킬 것이다.
- **친환경 및 기능성**: 아이나 반려동물이 있는 가정, 또는 습기 관리가 중요한 공간이라면 LX 하우시스 에디톤 마루나 한솔홈데코의 SB 마루를 고려해 보라. 친환경 인증 제품과 특화된 기능성으로 건강하고 쾌적한 환경을 조성하는 데 도움을 준다.

가장 중요한 것은 실제 시공될 공간의 특성과 개인의 예산을 종합적으로 고려하여 현명하게 선택하는 것이다. 또한, 최종 결정을 내리기 전에는 반드시 실물 샘플을 확인하고, 가능하면 시공 현장을 방문하여 마감 상태를 살펴보는 것이 좋다.

15. 조명/천장 마감 – 눈이 편한 집은 따로 있다

조명은 인테리어에서 분위기를 완성하는 가장 중요한 요소 중 하나다. 단순히 공간을 밝히는 기능을 넘어서, 감성, 집중력, 휴식의 질까지 결정한다. 그래서 조명은 '배치'가 아니라 '설계'의 영역이다.

사전 전기 설비는 이후 공정에 큰 영향을 미치기 때문에 목공, 타일, 필름, 도배, 가구 위치까지 고려한 후 설계해야 한다.

요즘은 라인 조명, 간접 조명, 매입등, 레일조명 등 다양한 방식의 조명이 쓰인다. 특히 간접 조명은 조명을 숨겨 빛만 드러내기 때문에, 조용하고 고급스러운 분위기를 만든다. 다만 이런 조명은 목공과 전기 공정에서 미리 구조를 설계해 놓아야 설치가 가능하다.

동일한 매립조명이라 할지라도 설치되는 위치에 따라 공간의 빛을 채우는 역할을 하거나 특정 아이템이나 공간을 구별하여 정의하는 역할을 하기도 한다.

조명은 아니지만, 조명과 함께 공간의 분위기를 연출하는 실링팬도 최근 인테리어 트렌드에서 중요한 아이템으로 떠오르고 있다. 실링팬은 여름철 냉방 효율을 높이고, 겨울철에는 공기 순환을 도와준다. 하지만 실링팬 설치를 위해서는 '상시전원선'을 확보해야 하므로, 전기 공정 때부터 계획되어야 하며, 목공팀의 천장 보강도 필수 항목이다.

조명 배선 설계에서 중요한 건 공간의 쓰임에 따라 조도의 세기와 위치를 조절하는 것이다. 예를 들어 거실은 전체 조명 + 간접 조명, 주방은 밝고 넓은 확산형 조명, 침실은 따뜻한 전구색 조명 등이 조화롭게 사용된다.

미대오빠는 조명 선택 시 '빛이 아니라 그림자를 설계하라'고 조언한다. 무조건 밝은 조명보다는, 공간의 목적에 따라 필요한 곳만 은은하게 비추는 설계가 눈과 마음을 편하게 해 준다.

또한 마감에 있어서 콘센트나 스위치 위치는 단순히 사용성만이 아니라, 디자인 완성도까지 고려해야 한다.

▶ 조명/천장 마감 체크포인트

☐ 다양한 조명 스펙에 맞는 위치 설정과 보강, 시공 전 특이사항에 대해 확인했는가?
☐ 실링팬 설치를 위한 상시선 배선이 설계되었는가?
☐ 공간별로 조도의 세기와 컬러톤(주광색/전구색 등)을 설정했는가?
☐ 스위치/콘센트의 높이와 정렬이 시각적으로 정돈되었는가?
☐ 가구와 충돌하지 않도록 조명/스위치/콘센트/감지기 위치를 조정했는가?
☐ 거실/주방/침실/욕실별 조명 시나리오를 사전 구상했는가?

조명은 인테리어의 감정을 설계하는 작업이다. 어떤 빛이 머물고, 어떤 그림자가 생기는지까지 고민할 때 비로소 집은 기능을 넘어서 감성을 품게 된다. 반셀프 인테리어에서 조명은 '센스'의 실력이다.

▶ 조명 인테리어, 성공적인 공간 연출을 위한 가이드

조명은 인테리어의 핵심 요소로, 공간의 분위기와 기능성을 좌우한다.

가구 배치 이전에 조명 계획을 수립하는 것이 중요하며, 이는 후회 없는 인테리어를 위한 필수적인 단계다. 조명은 단순히 공간을 밝히는 것을 넘어, 사용자의 라이프스타일과 목적에 맞춰 섬세하게 계획되어야 한다.

1) 조명 계획의 핵심 원칙

성공적인 조명 인테리어를 위해서는 몇 가지 핵심 원칙을 고려해야 한다.

- **개인의 목적 파악**: 거실에서 휴식, 독서, 공부 등 어떤 활동을 주로 할 것인지에 따라 조명 계획이 달라진다. 본인과 가족의 라이프스타일을 먼저 파악하는 것이 중요하다.
- **조명 혼합 사용**: 간접 조명은 사이드(커튼 박스, 벽 끝)에, 메인 조명은 가운데 등박스에 배치하는 것이 효과적이다. 간접 조명과 주등은 따로 켜고 끌 수 있도록 분리해야 하며, 이는 공간의 활용도를 높인다. 천장 조명 외에 벽 조명, 스탠드 등 다양한 조명을 활용하여 조도를 보완할 수 있다. 간접 조명은 은은한 분위기 연출에, 주등은 생활 활동에 적합하므로 목적에 맞게 분리하여 사용하면 편리하다.
- **색온도와 조도**: 노란 조명(전구색)은 실제 조도가 낮게 느껴질 수 있으므로, 원하는 밝기보다 조금 더 많은 조명을 설치하는 것이 좋다. 따뜻한 분위기를 선호하여 노란 조명을 선택할 경우, 실제 밝기가 예상보다 어둡게 느껴질 수 있으므로 조명 개수를 늘려 충분한 조도를 확보하는 것이 중요하다.

2) 조명 종류와 적정 배치

과거에는 주로 직부등이 사용되었지만, 요즘에는 다운라이트, 간접 조명, 마그네틱 조명 등 다양한 종류의 조명이 인테리어에 활용된다.

- **다운라이트**: 20~30평대 거실을 기준으로 3인치 다운라이트 8~12개와 2인치 간접 조명 6~8개를 배치하는 것이 일반적이다. 다운라이트 조명은 센터 간 20cm 간격으로, 벽면 조명은 벽에서 25cm 띄워 설치하는 것이 효과적이다.
- **간접 조명**: 커튼 박스에는 간접 조명을 필수로 설치하여 은은한 분위기를 연출하는 것이 좋다. 간접 조명은 따뜻한 느낌을 위해 3,000K 전구색을 주로 사용한다.
- **적정 조도**: 거실 공간에는 100~150W의 조도를 확보해야 어둡게 느껴지지 않는다. 30평대 거실 기준 120W가 적정하며, 100~110W도 충분히 밝다.

3) 색온도 선택 가이드

조명의 색온도는 3,000K(전구색), 4,000K(주백색), 6,500K(주광색)로 나뉜다.

- **3,000K(전구색)**: 간접 조명에 주로 사용되며, 따뜻하고 은은한 분위기를 연출한다. 집을 좀 더 따뜻하고 유니크하게 표현하고 싶다면 메인 조명으로도 사용할 수 있다.
- **4,000K(주백색)**: 백화점이나 카페 등에서 흔히 접할 수 있는 색온도

로, 편안한 분위기를 연출하는 데 적합하며 메인 조명으로 많이 사용된다.
- **6,500K(주광색)**: 너무 하얀 빛이라 집이 병원처럼 보일 수 있으므로 주거 공간에서는 사용하지 않는 것이 좋다.

4) CCT 조명의 장점

CCT 조명은 색온도와 밝기를 자유롭게 조절할 수 있어 공간의 분위기를 다양하게 바꿀 수 있다. 켜고 꺼질 때 페이드인/페이드아웃 기능이 있어 더욱 고급스러운 느낌을 준다. 과거에는 비쌌지만, 요즘에는 IoT 기술 발전으로 가성비 좋은 제품들도 많다.

▶ 조명 인테리어 시 흔히 하는 실수와 해결책

조명 인테리어는 작은 실수로도 공간의 만족도를 크게 떨어뜨릴 수 있다. 다음은 흔히 발생하는 문제점과 그 해결책이다.

1) 조도 문제

거실 사이즈를 고려하지 않고 조명을 너무 크거나 작게 달거나, 조도가 너무 높거나 낮으면 공간이 불편해 보일 수 있다.

- **해결책**: 30평대 거실 기준 120W 정도의 조도를 확보하고, 너무 밝거나 어둡지 않게 조절하는 것이 중요하다.

2) 위치 선정 오류

TV 위쪽이나 빔 프로젝터 앞에 포인트 조명을 달면 시야를 방해할 수 있다. 독서 공간에 그림자가 지거나, 누웠을 때 눈이 부시지 않도록 조명을 배치해야 한다.

- **해결책**: 조명 설치 전 가구 배치와 생활 동선을 고려하여 그림자가 지지 않고 눈부심이 없는 위치에 조명을 계획해야 한다.

3) 스위치 조절의 비효율성

거실처럼 여러 사람이 생활하는 공간에서 스위치 전체 온/오프는 비효율적이다. 생활 패턴에 맞춰 밝기와 색깔을 조절할 수 있는 개별 스위치 조명(디밍, 색변환 기능)을 활용하는 것이 좋다. 스위치 개수를 너무 많이 나누면 사용이 헷갈릴 수 있으니, 거실은 3~5구가 적절하다.

- **해결책**: 주등과 간접등을 따로 켜고 끌 수 있게 분리하고, 필요에 따라 구역별로 스위치를 나누어 편리하게 조절할 수 있도록 한다.

4) 조명 확산/집중형의 이해

- **확산형**: 공간 전체를 밝게 하여 독서 시 눈의 피로를 덜어 준다.
- **집중형**: 특정 부분에 빛을 모아 고급스러운 분위기를 연출하며, 호텔 같은 느낌을 준다.

- **해결책**: 생활 패턴에 맞춰 두 가지를 섞어 쓰는 것이 효율적이다. 예

를 들어, 독서 시에는 확산형을, 분위기 연출 시에는 집중형을 활용할 수 있다.

5) 타공 배열의 중요성

무조건 많이 뚫는 것이 아니라, 용도와 주관적인 의견을 담아 타공해야 한다. 전체를 균일하게 뚫기보다, 두 개씩 묶어 모아서 뚫는 것이 예쁘다. 두 개 조명 간격은 15cm 이내(10~12cm)로 붙여야 자연스럽다. 처음부터 모든 구멍을 뚫지 말고, 예상보다 적게 뚫은 후 어두운 부분이 있으면 추가로 뚫는 것이 좋다.

- **해결책**: 거실의 목적(휴식, 활동 등)에 따라 타공 위치를 정하고, 필요에 따라 조명을 추가하는 유연한 계획을 세운다.

 매입조명

 멀티 매입조명

- 장 : 전천후로 사용가능
  거실·현관·방
- 단 : 슬라브 매립등의 경우 깊이가
  7~8cm 이상인 경우가 있어
  다락 아래에서 사용불가

- 장 : 매입조명과 조합하면
  세련된 공간 연출가능
- 단 : 집중회롸티 조명이라서
  넓은 공간의 조도를 확보하기엔
  부족 (천장이 높을수록 넓게 퍼짐)

 실린더 조명

 라인조명

- 장 : 원하는 각도로 빛을
  조사 할수 있다
- 단 : 천장 깊이 제약이 있으면
  표면 조명으로만 사용추천

- 장 : 세련된 직선형 조명
  밝은 조도 확보에 용이
- 단 : 목공을 함께 해야만 하는
  시공상 번거로움
  ※ 히트 불착형 제품 출시

 마그네틱 조명

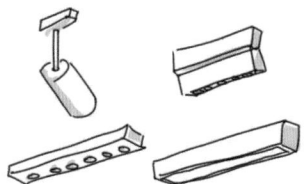

- 장 : 모던 라인을 제공하는
  세련된 조명. 원하는 조합으로 다양한 셋팅 가능
- 단 : 목공이 필요한 시공법, 길이 길 수록 / 조합이 많을수록
  비용 상승 (조명당 3~6만원)

요즘 많이 쓰는 조명과 활용

16. 가구/수납 – 예쁜 집의 마지막 한 수

인테리어의 모든 공정이 마무리된 후, 공간에 '숨'을 불어넣는 것이 바로 가구와 수납이다. 아무리 고급 자재와 조명을 써도, 가구의 톤과 배치가 어긋나면 전체 분위기가 무너지기 쉽다. 그래서 반셀프 인테리어의 마지막 한 수는 '가구의 설계'에 있다.

가구와 수납은 크게 두 가지로 나뉜다. 첫째는 붙박이장, 싱크대처럼 시공성 가구. 둘째는 테이블, 소파처럼 이동성 가구다. 반셀프 인테리어에서는 이 둘을 조화롭게 설계하고, 공간의 활용성을 극대화하는 것이 관건이다.

특히 싱크대나 붙박이장은 시공과 함께 진행되기 때문에, 마감 공정 전에 도면과 설계가 확정되어야 한다. 이때 많은 소비자들이 브랜드 가구와 사제 가구 사이에서 고민한다. 미대오빠는 목적에 따라 '사제 가구'의 커스터마이징 장점을 적극 활용하라고 조언한다.

브랜드 싱크대는 품질과 A/S에서 안정성이 있지만, 공장에서 일괄 제작된 규격형이 대부분이다. 반면 사제 가구는 현장 치수에 맞춰 설계가 가능하고, 색상, 수납 형태, 손잡이까지 원하는 대로 변경할 수 있어 특히 협소하거나 구조가 애매한 공간에서 진가를 발휘한다.

붙박이장도 마찬가지다. 요즘은 벽 전체를 수납장처럼 활용하거나, 슬라이딩 도어 시스템을 적용한 모던한 디자인이 많다. 이 역시 사제 가구로 시공하면 공간을 1mm까지 활용할 수 있다는 장점이 있다.

또한 '수납'은 단순히 짐을 넣는 공간이 아니라 '생활 동선'을 고려한 설계가 되어야 한다. 예를 들어 주방 수납장은 어떤 주방 도구를 얼마나 자주 쓰는지에 따라 서랍 위치가 달라져야 하고, 현관장은 계절용 신발, 장우산, 청소도구 등 가족 구성원에 따라 다르게 설계되어야 한다.

미대오빠는 반셀프 인테리어에서 수납이 '살면서 가장 체감되는 만족도'라고 말한다. 정리되지 않은 집은 결국 모든 인테리어를 무너뜨리고, 반대로 잘 짜여진 수납은 작은 집도 넓게 만든다.

가구 선택에서는 톤, 소재, 높이, 하드웨어 및 기구 배치 등을 고려해야 한다. 요즘은 철제 프레임과 패브릭 소파, 천연 원목 식탁, 라운드형 수납장이 트렌드이며, 무조건 고가보다는 '공간과 잘 어울리는지'를 기준으로 판단하는 것이 중요하다.

이외에 금액을 아끼고 기능성을 올리는 하나의 팁을 전달하자면, 가구의 적극적인 활용은 목공의 비율을 낮추는 역할을 할 수 있다. 침대 헤드를 수납 형태로 제작하거나, 벽면을 목공 없이 가구만으로 마감, 가벽을 가구로 세우는 방식 등 다양하게 응용이 가능하다.

또한 가구 제조사에서 개별적으로 붙일 수 있는 필름을 판매하고 있을 경우 필름팀에게 의뢰하여 목공벽(알판)과 가구의 완벽한 매칭이 가능하다. (2025년 기준 한솔홈데코 스토리보드용 필름 유통 중)

▶ 가구/수납 체크포인트

- ☐ 붙박이장, 싱크대 등 시공성 가구의 사이즈와 위치를 도면에 반영했는가?
- ☐ 브랜드 가구 vs 사제 가구의 장단점을 비교하고 선택했는가?
- ☐ 주방, 현관, 침실 등 공간별 수납 아이템을 구분 설계했는가?
- ☐ 테이블, 소파, 서랍장 등의 이동형 가구는 동선과 맞게 배치되는가?
- ☐ 가구 톤과 바닥, 벽 색상이 조화를 이루는가?
- ☐ 수납방식, 수납용량에 맞는 하드웨어를 선택했는가?
- ☐ 빌트인 가전제품에 대한 정보가 가구 설계 전 정확히 전달됐는가?

가구는 마지막 마감재다. 눈에 보이는 것 이상의 기능과 정서를 담는다. 좋은 가구, 잘 설계된 수납은 인테리어를 완성시키는 결정적인 한 수가 된다. 반셀프 인테리어에서는 가구를 '선택'이 아닌 '설계'로 접근하자.

1) 성공적인 주방 가구를 위한 디테일

주방은 집의 '꽃'이자 공사 후 만족도가 가장 높은 공간 중 하나이지만, 가구, 가전, 시스템 하드웨어 등 다양한 품목이 적용되어 복잡하고 비용이 많이 들기 때문에 신중한 계획이 필요하다.

2) 주방 가구: 겉모습보다 중요한 '속'과 '수납'

- 주방 가구는 색상보다 레이아웃과 수납 구성이 훨씬 중요하다. 사용자의 효율적인 동선을 고려하고, 짐을 파악하여 충분한 수납 공간을 확보하는 것이 핵심이다.
- 특히 상부장 제거는 신중하게 고려해야 한다. 상부장을 없애면 디자인적으로 개방감이 생기는 장점이 있지만, 수납 공간이 줄어 짐이 밖으로 나와 정리가 어려워질 수 있다. 따라서 자신의 생활 패턴과 수납 상황에 맞춰 선택하는 것이 좋다.

3) 효율적인 수납을 위한 하드웨어 및 구성

- 깊은 수납장의 불편함을 해소하기 위해 서랍이나 인출식 시스템 하드웨어(블룸, 누오미 등)를 활용하는 것이 좋다.
- 서랍 레일은 하중에 따라 언더레일 또는 고중량 레일을 선택하여 내구성을 확보하는 것이 중요하다.
- 상부장은 깊은 장과 얕은 장을 2단으로 구성하여 자주 쓰는 물건과 가끔 쓰는 물건을 명확히 구분하면 효율적이다.
- 수직 수납을 위한 팬트리장과 양념망장도 추천한다. 누오미 팬트리장은 선반이 안쪽으로 이동하여 깊숙한 물건을 쉽게 꺼낼 수 있고, 인출식 망장은 양념을 한눈에 볼 수 있어 요리를 편리하게 한다.

4) 사용자 맞춤형 가구 높이 설정

- 주방 상부장과 하부장의 높이는 사용자의 키를 고려하여 설정해야 한다.

- 상부장 하단과 하부장 상판의 간격은 사용자 키 160cm 이하면 650mm, 165cm 이상이면 700mm 지점이 좋다.
- 하부장 높이는 키 160cm 이하면 860~880mm, 165cm 이상이면 900mm를 추천한다. 적절한 높이 설정은 요리 및 설거지 시 허리 통증을 예방하고 작업의 효율을 높인다.

5) 싱크볼 선택: 실용성과 디자인의 조화
- 싱크볼은 스크래치에 강한 엠보 표면의 스테인리스 사각 싱크볼을 추천한다. 엠보 처리는 스크래치가 잘 보이지 않게 하고, 소음 방지 패드가 부착된 제품은 물 떨어지는 소리를 줄여 준다.
- 메인 싱크볼은 860mm, 보조 싱크볼은 폭 600mm 이내, 앞뒤 폭 350~400mm 크기가 적절하다.
- 보조 싱크볼에 피처린서 옵션을 추가하면 컵이나 젖병 등을 간편하게 세척할 수 있어 활용도가 높다.
- 디자인과 일체감을 고려하여 상판과 색상을 맞추거나, 심플하고 모던한 디자인의 싱크볼을 선택하여 주방에 감각적인 포인트를 줄 수 있다.

6) 수전 선택: 부드러운 물줄기와 관리 용이성
- 좋은 수전은 물이 부드럽게 나오는 제품이다. 물 튀김을 줄이고 깔끔한 디자인을 선택하는 것이 중요하다. 정수기 일체형 수전은 공간 활용에 유리하다.
- 해외 직구 제품은 A/S 문제 발생 시 대응이 어렵고 큰 비용이 발생할

수 있으므로 신중하게 선택해야 한다. 저가형 수전 중에서도 샤워 분사 기능이 있거나 헤드 모양이 심플하고 세련된 디자인을 선택하면 특별한 느낌을 줄 수 있다.

7) 후드 선택: 흡입력, 소음, 관리 용이성

- 후드는 흡입력(약 300CFM 이상), 소음(60~70dB), 청소의 용이성을 기준으로 선택한다.
- 저가형 하이드 후드는 흡입력이 약하고 소음만 발생하는 경우가 있으니 주의해야 한다.
- 너무 독특하거나 유행을 타는 디자인의 후드는 시간이 지나면 과해 보이거나 유행에 뒤떨어져 보일 수 있으므로 신중하게 고려해야 한다. 천장 매립형 후드는 시각적으로 깔끔하고 관리가 용이하다.

8) 후드 배기 방식: 효율적인 공기 흐름을 위한 고려사항

- 후드 배기 방식은 내부 배기(탄소 필터형)와 외부 배기(배관 타입)가 있다.
- 외부 배기 시 배관이 길어지는 경우, 주름관 대신 내부 표면이 매끄러운 PVC관을 사용하여 공기 흐름의 마찰 저항을 줄이고 흡입력 저하를 방지해야 한다.

9) 주방 상판 선택: 디자인과 실용성을 겸비한 소재

- 주방 상판은 인조 대리석, 엔지니어드 스톤, 세라믹, 천연 대리석 등이 있다.

- 가성비는 인조 대리석이 좋지만, 디자인과 실용성을 모두 만족시키는 세라믹 상판을 추천한다.
- 세라믹은 내구성, 내열성이 뛰어나고 수분 흡수율이 낮아 위생적으로 사용할 수 있으며, 불규칙하고 자연스러운 패턴 구현이 가능하다.

10) 주방 인테리어의 디테일: 조명, 콘센트, 마감

- 상부장 하단 간접 조명은 주방 분위기를 우아하게 만들고 넓어 보이게 하며, 밤에도 눈부심 없이 실용적이다.
- 천장 조명과 식탁 조명은 깔끔한 디자인을 선택하여 전체적인 분위기와 조화를 이루도록 한다.
- 콘센트는 디자인과 위치를 고려하여 깔끔하게 숨기거나, 컬러풀하거나 독특한 디자인의 콘센트를 포인트로 활용할 수 있다.

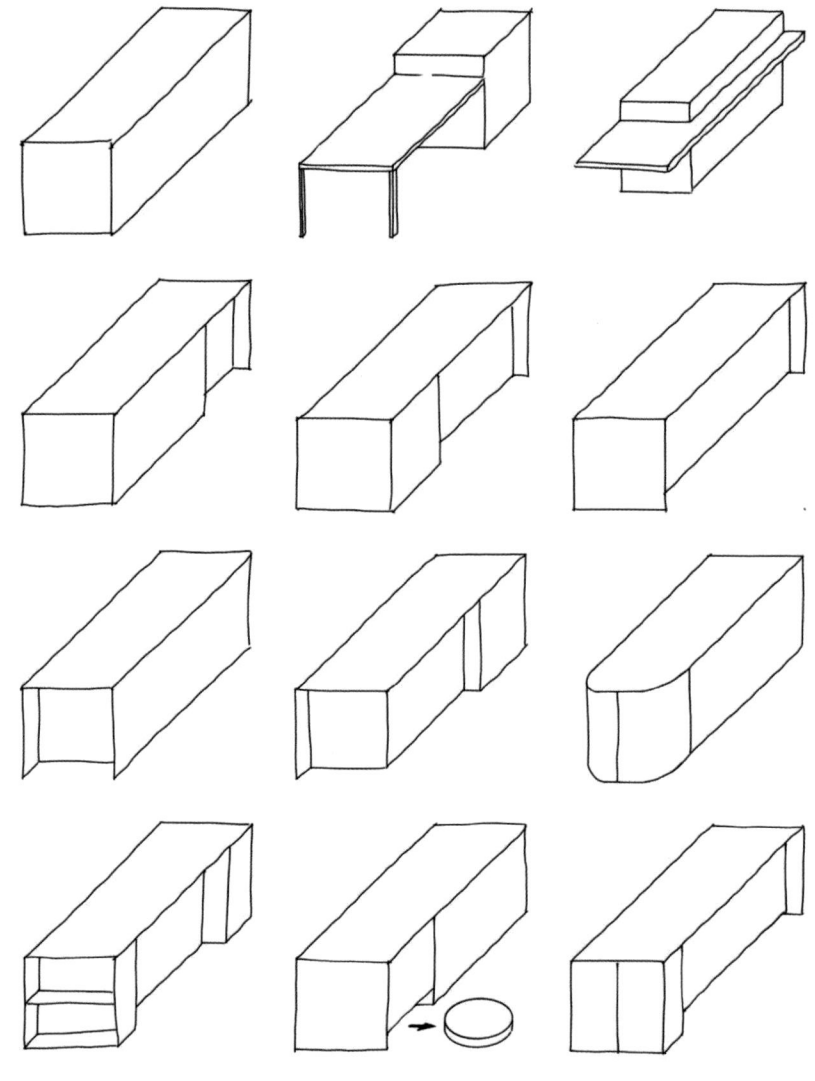

아일랜드 레이아웃 예시

17. 청소 & 하자 점검 – 공사의 끝, 집의 시작

공사가 모두 끝났다고 인테리어가 끝난 것이 아니다. 진짜 집을 위한 시작은 '청소'와 '하자 점검'에서부터다. 이 단계에서 깔끔하게 정리되지 않으면 좋은 인테리어도 빛을 잃고, 작은 하자가 커다란 스트레스로 이어질 수 있다.

입주청소는 단순한 먼지 제거가 아니라, 인테리어 전체의 마무리 작업이다. 하지만 많은 사람들이 입주청소에 만족하지 못하는 이유는, 이 작업이 생각보다 전문성과 체력, 디테일을 요구하기 때문이다.

미대오빠는 입주청소 팁으로 '물걸레 전에 반드시 마른걸레로 도배풀을 먼저 닦을 것'을 강조한다. 물걸레로 바로 닦으면 도배풀 자국이 다시 올라오며, 수차례 반복해야 하는 악순환이 생긴다.

또한, 헤라로 마감 표면에 있는 이물질을 긁어 없앨 경우 요철 없는 새 제품을 써야 한다. 날이 상하거나 녹슨 헤라는 유리나 표면 마감을 상하게 할 수 있기 때문이다.

입주청소를 외주로 맡길 경우, 너무 저렴한 업체는 피해야 한다. 실링팬, 빌트인 가전, 환풍기 등의 청소는 대부분 기본 작업에 포함되지 않으며, 청소 중 발생하는 파손에 대한 책임이 모호한 경우가 많다. 청소 항목을 꼼꼼히 확인하고, 사전에 조율하는 것이 중요하다.

입주가 당장 코앞에 있는 소비자 입장에서 추가금이 발생한다고 해도 청소를 진행해야만 하는 점을 악용하는 사례가 있다.

그리고 공사 마무리 단계에서는 반드시 '하자 점검'을 체크리스트 기반으로 진행해야 한다. 대부분의 시공자는 1년 A/S를 기본으로 제공하지만, 공사 후 연락이 어렵거나 미루는 경우도 생기기 때문이다.

하자 점검은 각 공정별로 이루어져야 한다. 예를 들어 타일은 들뜸이나 균열, 실리콘은 벌어짐, 도장은 얼룩과 벽면 갈라짐, 전기는 작동 여부, 설비는 누수 여부를 세심하게 살펴야 한다. 반셀프의 경우 시공자를 직접 섭외하는 경우가 많아 하자 처리에 대한 스트레스가 심한 편이다. 적어도 누군가에게 평가를 받는 위치(인스타그램, 유튜브, 네이버 카페 등에 공개)에 있는 시공자를 섭외하는 것이 좋은 이유다.

미대오빠는 하자 점검도 공정의 일부로 본다. 공사를 잘 마무리했다면, 결과물도 문제없이 나와야 한다. 그래야 진짜 '안심하고 살 수 있는 집'이 되는 것이다.

▶ 청소 & 하자 점검 체크포인트

- ☐ 물걸레 전에 마른걸레로 도배풀을 제거했는가?
- ☐ 청소 중 사용된 헤라와 도구는 손상이 없는가?
- ☐ 입주청소 업체와 청소 항목 및 책임 범위를 협의했는가?
- ☐ 전기/조명/콘센트 작동 여부를 점검했는가?
- ☐ 타일, 마루, 도장 등 마감재 하자를 확인했는가?
- ☐ 누수, 결로, 실리콘 벌어짐 등의 흔적을 살펴봤는가?
- ☐ 시공 업체와 A/S 기준과 연락 방법을 명확히 정했는가?

모든 공정의 끝은 마무리의 퀄리티에 달려 있다. 청소와 하자 점검은 집에 숨을 불어넣는 마지막 의식이다. 반셀프 인테리어는 그 마지막까지 꼼꼼해야 완성된다.

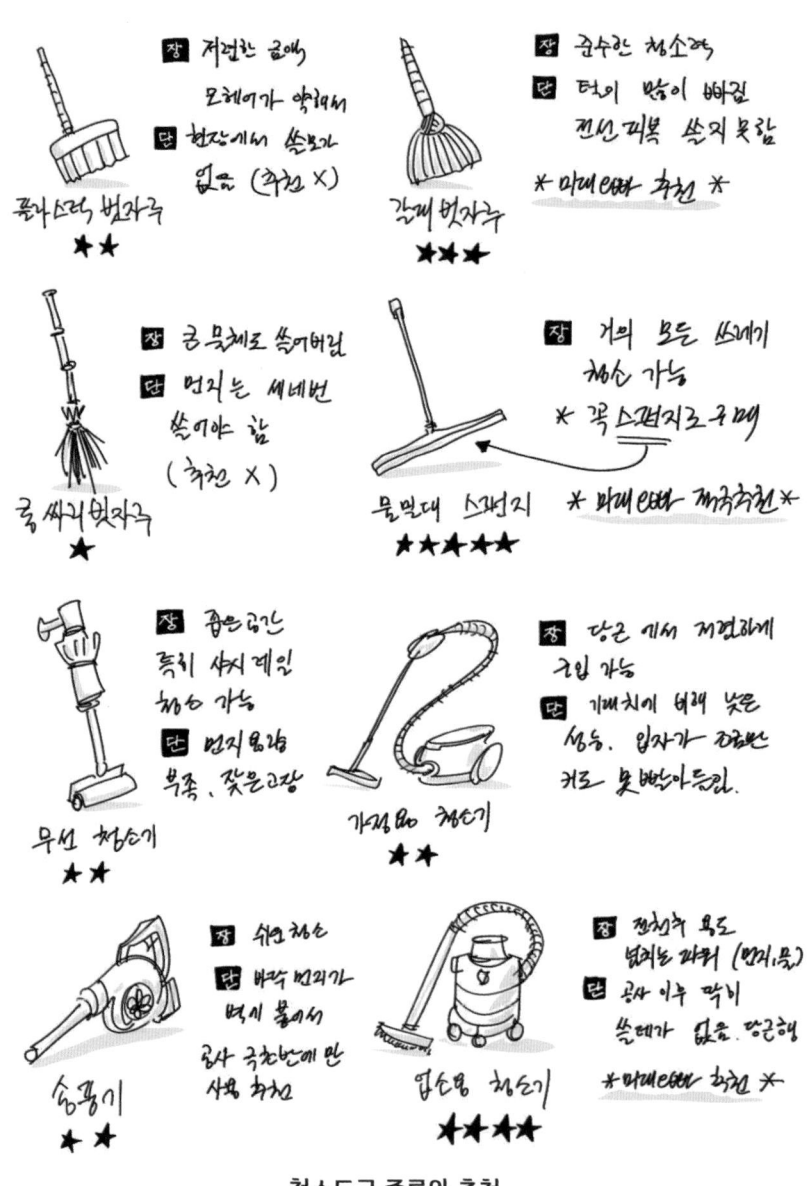

청소도구 종류와 추천

18. 실리콘 – 작은 마감이 전체를 완성한다

실리콘은 눈에 잘 띄지 않지만, 인테리어 완성도를 결정짓는 '숨은 주인공'이다. 특히 욕실, 주방, 창호, 마루 등 이질적인 자재가 만나는 경계에서 물과 먼지를 막고 마감선을 정리하는 역할을 한다.

예전에는 거의 모든 실리콘이 흰색으로 시공되었고, 두껍고 일정하지 않은 라인으로 마감되는 경우가 많았다. 하지만 최근 인테리어에서는 실리콘도 '디자인 요소'로 인식되고 있다. 얇고 정교한 조색 실리콘 마감은 전체 분위기를 방해하지 않고, 자재의 고급감을 더욱 살려 준다.

실리콘 시공의 포인트는 얇고 곧은 라인이다. 실리콘이 삐뚤거나 번지면 마감이 지저분해 보이고, 아무리 고급 자재를 써도 전체 인상이 떨어진다. 그래서 실리콘은 단순 마감이 아닌 '감각'이 필요한 공정이다.

요즘 인테리어에서는 공정마다 테두리용 실리콘을 하지 않고, 전체 공정이 끝난 후 색상을 맞춰 조색 실리콘으로 마무리하는 경우가 많다. 이 방식은 실리콘 자국이 튀지 않고, 통일감 있는 분위기를 유지할 수 있다는 장점이 있다.

조색 실리콘의 경우 의외로 소재간 매칭이 안되는 경우가 있기 때문에 한 번에 신중한 결정이 필요하다. 조색 실리콘으로 컬러 매칭이 어려울 경우 다양한 컬러가 준비된 브랜드 실리콘으로 조색 실리콘을 대체하기도 한다.

욕실에서는 곰팡이 방지 기능이 있는 항균 실리콘이 필요하고, 주방은 열에 강한 제품, 창틀과 타일 사이에는 방수와 유연성이 좋은 제품을 골라야 한다. 용도에 따라 제품을 나눠 쓰는 것도 중요하다.

미대오빠는 현장에서 얇고 깔끔한 마감을 위해 별도의 실리콘 전문가에게 최종 마감을 요청한다. 작업 난이도가 높기 때문에, 숙련도 있는 시공자에게 맡기는 것이 좋다.

반투명 실리콘은 누구나 쉽게 쏠 수 있지만 어설픈 실리콘 시공 흔적이 얼마 가지 않아 그대로 변색되어 노출되기 때문에 절대 추천하지 않는 실리콘이다.

참고로, 샤시 외부 실리콘은 실내용과 사용 목적이 다른 실리콘으로 별도 전문팀에게 요청하여 시공하는 것을 추천한다.

▶ 실리콘 마감 체크포인트

- ☐ 공정별 실리콘을 바로 하지 않고, 전체 마감 후 별도 실리콘팀에게 마무리할 계획인가?
- ☐ 욕실/주방/창호 등 공간별 특성에 맞는 실리콘을 선택했는가?
- ☐ 실리콘 색상은 타일, 도장, 바닥과 조화를 이루는가?
- ☐ 실리콘 시공자는 얇고 곧은 라인 마감에 숙련되어 있는가?
- ☐ 실리콘 양생 전 손상 방지를 위한 표시를 해 두었는가?
- ☐ 곰팡이 방지, 내열성, 방수 등 기능성을 고려했는가?

실리콘은 마지막 마침표다. 작은 라인이지만, 그것 하나로 고급스러움이 정리되고 마감의 완성도가 올라간다. 반셀프 인테리어에서 실리콘은 '집을 호텔처럼 완성하는 마지막 비밀 병기'이다.

PART 3

현장에서 얻은 진짜 꿀팁

19. 사기 안 당하는 계약서 작성법

"계약서 없이 진행했다가 말도 안 되는 추가 비용이 생겼어요."
"구두로 이야기했는데 막상 끝나고 나니까 모른 척하더라고요."

반셀프 인테리어에서 가장 흔한 실수이자, 가장 큰 피해로 이어지는 것이 바로 '문서화 부족'이다. 공사 시작 전에 **합의한 내용을 최소한 문서로 남기는 것**만으로도 절반 이상의 분쟁을 예방할 수 있다.

지금까지 우리가 알던 인테리어 계약서는 대부분 턴키(일괄)방식이었다. 턴키 방식은 한 업체가 모든 공정을 맡기 때문에, **작업 범위·총액·기간·자재·A/S**가 한 장에 담긴다. 이 경우 계약서가 전체 공사를 커버할 수 있지만, 그 안에는 업체의 이윤과 리스크 비용이 포함되어 단가가 높아진다.

반면, **반셀프 인테리어**는 구조가 다르다. 소비자가 '소장' 역할을 하며 전기, 목공, 타일, 도배 등 **공정을 나눠 개별 시공자와 각각 계약**한다. 이때 전기나 목공처럼 '하루 단가'나 '품 단위'로 계산하는 공정은 변수가 많아 **턴키 계약서처럼 총액과 기간을 딱 정해 놓기 어렵다.** 그렇다고 아무 기록 없이 진행하면, 나중에 기억이 엇갈리거나 조건 해석이 달라져 분쟁이 커진다.

그래서 반셀프 인테리어에서는 '계약서'보다 '문서화'가 핵심이다.

꼭 정식 계약서일 필요는 없다.

작업 범위, 단가, 기간, 자재 사양, A/S 조건을 **PDF, 문자, 카카오톡 캡처, 서명된 메모**로라도 남기면 된다.

중요한 건 **누가·언제·어디서·무엇을·얼마에** 할 것인지가 명확히 기록돼야 한다는 점이다.

▶ 반셀프 문서화 체크포인트

☐ 작업 범위가 구체적으로 적혀 있는가? (예: 도배만 vs 도배+퍼티+걸레받이 포함)

☐ 계산 방식이 명확한가? (일 단가, 품 단가, 평당 금액)

☐ 시작일과 예상 종료일, 연장 시 추가 비용 조건이 있는가?

☐ 자재 브랜드·모델·색상·규격이 정확히 명기되어 있는가?

☐ 변경사항 발생 시 '서면 합의 후 변경 가능' 문구가 있는가?

☐ 지급 시점(착수금·중도금·완료금)이 정리돼 있는가?

☐ A/S 범위와 유효기간이 적혀 있는가?

미대오빠는 문서화를 '서로의 기억을 지켜 주는 장치'라고 말한다. 현장에서는 말이 오가며 의도가 변하고, 서로 다르게 기억하는 경우가 많다. 문서가 없다면 책임 소재가 흐려지고, 작은 불만이 큰 분쟁으로 번진다.

반셀프 인테리어에서는
"계약서를 쓰기 어렵다"는 생각 대신, "기록은 언제나 가능하다"고 생각하자.

구분	턴키(일괄) 인테리어	반셀프 인테리어
공사 방식	한 업체가 모든 공정을 일괄 진행	전기·목공·타일·도배 등 공정을 나눠 개별 시공자와 진행
계약 형태	계약서 한 장으로 전체 공정·금액·기간·자재·A/S 포함	공정별·업체별로 각각 계약 또는 작업 확인서 작성
계산 기준	총액 계약	일 단가·품 단가·평당 단가 등 다양, 변동 가능

변경 시 대응	변경 내용·비용을 계약서에 추가	변경 사항마다 문서(카톡·메모·PDF)로 별도 합의 필요
리스크	업체가 리스크와 이윤을 단가에 반영 → 단가 높음	소비자가 직접 조율·관리 → 관리 부담 높음
문서화 핵심	계약서 1부 보관	공정별 작업 범위·단가·기간·자재·A/S를 반드시 문서로 남김
장점	관리가 쉽고 책임 주체가 명확	비용 절감 가능, 원하는 시공자 선택 가능
단점	비용이 높음, 업체 선정 실패 시 피해 큼	문서화 미흡 시 분쟁 위험, 관리 시간과 노력 필요

20. 시공자와의 소통법 – 존중하면서 확실하게

"말을 해도 못 알아들어요."
"현장에서는 갑자기 말이 달라져요."
"말투 때문에 괜히 감정 상했어요."

반셀프 인테리어에서 가장 중요한 능력 중 하나는 '소통력'이다. 공정이 분리되어 있고, 다양한 시공자들과 직접 대화를 해야 하기 때문에, 말 한마디로 일이 풀리기도, 꼬이기도 한다.

미대오빠는 소통을 '존중하되, 확실하게'라고 정의한다. 즉, 상대를 인정하면서도 내가 원하는 것을 명확하게 전달하는 능력이 핵심이라는 뜻이다. 기분 상하지 않게 하지만 할 말은 하는, 현장 소통의 기술이 필요하다.

먼저 기본은 '메모와 기록'이다. 말로만 전달하지 말고, 사진, 문서, 도면 등을 활용해 시공자에게 구체적으로 전달하자. 특히 카카오톡, 문자 등 기록이 남는 채널을 이용하면 추후 분쟁을 줄일 수 있다.

두 번째는 '선 긋기'다. 작업자의 성격이나 스타일에 따라 '이 정도는 알아서 하겠지'라는 기대는 금물이다. 작업 전 내가 원하는 결과를 먼저 보여 주고, 중간에 수정 요청은 언제 가능한지 미리 물어보자. 작업자 입장에서도 정확히 방향을 잡고 일할 수 있어 오히려 효율이 높아진다.

세 번째는 '감정 섞지 않기'다. 일이 뜻대로 안 될 때 목소리를 높이기보다, 문제를 논리적으로 정리해서 전달하자. '잘못됐잖아요!'보다는 '이 부분은 처음 얘기와 다르니 어떻게 조율하면 좋을까요?'가 현장을 더 살린다.

네 번째는 '현장 방문과 체크'다. 공정 중간중간 직접 현장을 보는 것만으로도 오류를 줄일 수 있다. '신뢰해서 맡겼다'는 말은 나중에 후회할 수 있다. 반셀프는 '현장 지휘자' 역할을 해야 한다는 점을 잊지 말자.

▶ **소통 체크포인트**

☐ 내 요구사항을 사진/메모/도면 등으로 명확히 전달했는가?
☐ 연락은 문자/카톡 등 기록이 남는 방식으로 진행했는가?
☐ 현장 방문을 통해 중간 점검을 하고 있는가?
☐ 수정 요청은 언제까지 가능한지 사전에 확인했는가?
☐ 작업자와 대화 시 감정을 절제하고 논리적으로 접근하고 있는가?
☐ '알아서 해 주시겠지'라는 기대 대신, 구체적 요청을 전달하고 있는가?

소통은 반셀프 인테리어의 핵심 무기다. 말 한마디, 사진 한 장, 현장 방문 한 번이 공정의 성패를 좌우한다. 존중하면서도 확실하게 말하는 사람, 그 사람이 바로 진짜 고수다.

21. 일정표 작성법 – 스케줄 관리의 핵심

"공정이 겹쳐서 싸움 났어요."
"업체가 안 와서 이틀째 기다리고 있어요."
"다음 공정 스케줄을 못 맞춰서 전체 일정이 밀렸어요."

반셀프 인테리어에서 가장 흔한 문제는 '일정 미스'다. 공정별 순서를 제대로 이해하지 못하고, 일정을 널널하게 잡거나 무리하게 겹쳐서 잡으면 문제가 생긴다.

미대오빠는 일정표를 단순한 계획표가 아니라 '현장의 지도'라고 말한다. 공정의 순서, 작업자의 일량, 자재의 도착과 반품 시점까지 모두 엮여 있기 때문이다. 일정표 하나로 수십 개의 문제를 미리 예방할 수 있다.

예를 들어, 철거를 월요일에 시작한다고 가정하자. 설비는 철거 중간 또는 당일 바로 이어질 수 있도록 잡아야 한다. 왜냐하면 철거 중 예상치 못한 누수나 배관 손상이 있을 수 있기 때문. 철거 후 이틀 뒤에 설비 일정이 잡혀 있다면, 물이 새는 상황에서 며칠을 허비할 수밖에 없다.

그 외 일반적인 공정과 공정은 기본적으로 겹치면 안 된다. 다만 일정을 압축해서 진행할 경우 공정별 조율을 통해 진행 가능하다. 20평대 미만일 경우 공간이 협소하므로 절대 일정이 겹치지 않도록 팀셋팅이 중요한 점을 참고하자.

▶ **실제 일정표 예시: 철거주간(1주일) – 공정 내부 연계**

- ✔ 월요일: 철거 + 설비 점검
- ✔ 화~수요일: 설비 작업 + 확장부 난방
- ✔ 목~금요일: 양생(만일 월요일에 변수가 발생할 경우를 위해 여유 기간 필요)
- ✔ 토요일: 현장 정리 및 양생상태 확인

일정은 '공정 내부 연계'를 고려해야 한다. 기존에 확장이 되어 있는 아파트의 경우 날림 공사 여부를 확인하고 재확장 공사에 대한 여유 시간을 두어야 한다. (49p '기존 확장을 의심해야 하는 이유' 그림 참조) 공사 초기 일정 밀림 현상은 스노우볼처럼 뒤 공정에 큰 데미지를 줄 수 있다.

미대오빠는 일정표를 작성할 때 '공정 내부 연계'를 반드시 이해하고, 중간중간 하루의 여유일(버퍼)을 넣는 것을 추천한다. 실제 공사는 예상보다 시간이 더 걸리고, 갑작스러운 날씨나 작업자 일정 변경이 항상 존재하기 때문이다.

▶ **일정표 작성 체크포인트**

☐ 전체 공정 순서를 이해하고 작성했는가?
☐ 공정별 작업 시간이 현실적으로 배분되어 있는가?
☐ 큰 공정을 기초로 서로 연결되는 세부 공정의 계획이 있는가?
☐ 공정 사이에 최소 하루의 여유일을 확보했는가?
☐ 자재 납품 일정과 시공 일정을 맞췄는가?
☐ 작업자가 중복되지 않도록 조율했는가?
☐ 일정 변경 시를 대비한 대체 시나리오가 있는가?

일정표는 단순한 문서가 아니다. 그것은 당신의 인테리어 프로젝트를 '현장'으로 연결해 주는 전략서다. 제대로 된 일정표 하나가 반셀프 인테리어를 '실패 없는 여정'으로 만들어 준다.

22. 실수 없는 자재 발주 가이드

"한 박스 모자라서 다시 주문했는데, 같은 색이 품절이래요."
"수량이 많아서 반품비만 10만원 나왔어요."

자재 발주는 반셀프 인테리어에서 절대 놓치면 안 되는 핵심 작업이다. 수량 계산, 배송 일정, 보관 장소까지 실수하면 시간과 비용이 함께 날아간다.

자재 발주의 첫걸음은 '공정별 리스트업'이다. 철거, 설비, 전기, 목공, 타일, 필름, 도배, 가구, 마루, 조명 등 각 공정마다 필요한 자재를 목록화하고, 선택한 제품의 수량과 규격, 브랜드, 색상까지 정확히 정리해야 한다.

큰 틀에서 인테리어는 2부분으로 나누어 보면, 전반기의 기초공사와 후반기의 마감공사로 분리할 수 있다.

전반기 공사(몸짱 만들기)는 철거, 설비, 전기, 목공으로 분류된다. 전반기 기초공사에 들어가는 자재 산출의 경우 일반 소비자가 일량을 파악하여 자재를 산출하기가 매우 어렵기 때문에 해당 공정별 팀장님께 부탁하여 자재 발주하는 것을 추천한다. 평면도, 현장사진이나 영상을 바탕으로 원하는 시공방법을 전달하면 된다. 다만, 일량을 계산하는 과정 자체가 일반인에게는 다소 복잡하고 난해한 경우가 많으므로, 이럴 때는 인테리어 전문가(디자이너 또는 컨설턴트)에게 조언을 받는 것이 안전하다.

후반기 공사(옷입기)는 전반기 공사에서 만들어 놓은 작업물 위에 마감재를 붙이는 방식으로, 면적 계산만으로도 물량 산출이 비교적 쉽다. 가급적 해당 공정의 팀장님이나 마감 자재상에게 면적을 알려 주고, 주자재와 부자재를 함께 공급받는 것을 추천한다.

물량 산출은 실수가 가장 많이 발생하는 부분이므로, 인테리어 경험이 많은 전문가에게 조언을 구하는 것이 안전하다.

특히 해당 공정의 팀장님께 자재 산출과 발주를 맡기면 반품 문제를 신경 쓰지 않아도 되는 장점이 있다. 따라서 물량 산출 후 직접 발주할지, 공정별 팀장님에게 맡길지 잘 판단해 진행하는 것이 좋다.

▶ 전반기 공사

1) 철거, 설비

버리는 행위가 주된 항목이지만, 몰탈, 배관자재 등 일반적으로 물량을 산출하기 어려운 항목이 많아 사전에 팀에게 자재 의뢰하는 것을 추천한다. 대부분 철물점에서 구할 수 있는 자재이므로 필요에 따라서 직접 구매가 용이하다. (PVC배관과는 다르게 환풍기 용 자바라는 철거팀에서 준비하지 않는다. 직경 치수 체크)

2) 전기

다양한 전선과 커넥터 등 기본 전기 자재는 전문가에게 물량에 대한 전권(全權)을 넘기는 것을 추천한다. 다만 어떤 자재를 사용하는지 반드시 확인하고, 원하는 자재가 있다면 사전에 주문을 요청하는 것이 좋다. 또한 일부 가전 브랜드에서 요구하는 전기 자재 규격이 있는지 미리 확인해야 한다. (LG에어컨의 경우 배선을 CV선(옥외용)으로 요청하고 있으며 해당 자재가 시공되어 있지 않은 경우 설치를 거절할 수 있다)

해외 직구를 통해 마감 자재를 미리 구입할 경우 최소 1달 전에 주문할 필요가 있으며, 주문 전 설치가 가능한지 전기팀과 사전 체크가 필요하다.

IoT를 위해 스위치나 전등을 직접 구매할 경우 전기팀에게 내용을 전달하고 적정한 제품을 선택하도록 하며, 설치 대행이 가능한지 체크 필수. (구글네스트, 아카라 등)

3) 목공

목공 자재는 크게 4가지로 구성된다. (단열자재, 벽체자재(석고보드, MDF, 합판류, 판넬류), 도어자재, 하드웨어: 타공정 연계) 단열과 벽체자재는 사전에 대략적 물량 파악 후 예상된 총 물량의 75% 정도 선(先)발주 진행하여 작업한다.

목공사가 시작된 이후에 도어(도어실측)자재, 하드웨어, 나머지 25% 물량을 2차 발주하여 진행하는 것을 추천한다. 2차 물량을 받을 때 1차 때

남은 자재를 반품할 수 있다.

  일부 마감 자재의 경우 목공의 사전(事前) 작업이 필요하다. 대표적으로 매립형 라인/마그네틱조명, 매립형 중문, 서라운딩 없는 가구 등이 있다. 하이엔드 디테일을 위해 하드웨어를 미리 주문하여 목공팀에게 요청해야 하며, 좋은 디테일일수록 마감 공정팀과의 긴밀한 연계가 필수다.

▶ 후반기 공사

4) 타일
  평면도를 바탕으로 현관, 욕실, 베란다, 주방 미드웨이 등 타일 시공이 필요한 부분의 면적을 메모하고 로스(loss)를 감안해 발주한다. 직접 계산하기보다 경험 많은 타일 팀장님이나 타일 매장에 자재, 부자재(본드류, 매지 등) 물량 산출을 의뢰하고 반품을 처리할 수 있도록 사전(事前) 조율한다.

5) 도기와 수전
  인터넷 최저가로 직접 구매가 가능하다. 타일팀이나 전문 매장에 의뢰하기도 한다. 대부분 최신 트렌드에 대한 정보가 더 많은 소비자 쪽에서 발주하는 편이다. 유럽형 수전 구입 시 별도의 연결 밸브를 추가로 준비해야 하는 경우가 있으니 필히 체크.

6) SMC 천장, 이노솔

SMC 천장의 경우 타일 매장에 요청하면 설치팀이 자체적으로 자재를 준비한다. 이노솔은 전문업체에 의뢰하여 부분 턴키로 시공 받는 개념으로 목공팀과 연계하여 선작업이 필수로 요청된다.

7) 필름

시공할 부분 또는 면적에 대한 정보를 전달하고 견적 받는 것을 추천한다. 팀장님 주도하에 사용한 물량만큼 돈을 지불하는 방식으로 진행하는 것이 일반적이며, 원하는 필름의 넘버를 팀장님께 전달하면 미터 단위로 금액 정산이 가능하다. 일부 필름의 경우 롤 단위로만 구매해야 하는 경우도 있으니 사전 체크는 필수.

8) 도배

팀장님과 현장 사전 방문 미팅을 통해 도배지와 부자재 물량을 산출한다. 물량 산출이라는 개념 보다는 아파트 시공에 대한 전체적인 견적을 받는 개념으로 보는 것이 일반적이다. 타 공정과는 다르게 도배지와 부자재를 가능하면 팀에게 전적으로 의지하는 것이 좋다. 이유는 도배 퀄리티에 대한 보장을 받기 위함인데, 가장 면적이 크고 예민한 공정이 도배이기 때문에 가능하면 자재를 공급하는 것보다는 공정 턴키 개념으로 의뢰하는 것을 적극 권장한다. 특히 도배풀과 퍼티의 양은 일반인이 계산할 수 있는 영역이 아니므로 자재 산출 자체가 매우 어렵다.

9) 가구

자재 산출이 불가능하며, 부분 턴키로 계약 후 진행한다.

10) 마루

온라인·오프라인 인테리어 채널에서 활동 중인 시공자를 섭외한다면, 물량 산출을 요청해서 마루 대리점을 통해 주자재와 부자재를 공급받을 수 있다. 다만 퀄리티에 대한 분쟁 시 "평소 사용하는 자재가 아니라서 어쩔 수 없습니다."라는 등의 책임 회피에 자유로울 수 없기 때문에 가능하면 대리점을 통해 부분 턴키로 진행하는 것을 추천한다.

11) 조명

전반기 공사에 전기팀에게 수량 체크 요청 후 직접 구매 또는 의뢰가 가능하다. 조명뿐만 아니라 천장과 벽에 달리는 전자 장치는 설치 요청이 가능하니 체크. (실링팬, 휴젠뜨, 자동 빨래건조대)

12) 중문

일반적으로는 인터넷 검색을 통해 구입이 가능하며, 매립형과 같은 디테일이 필요한 제품일 경우 전기, 목공, 마루팀과 사전 조율 및 사전 작업 요청이 선행되어야 한다. (예: 자동문, 천장/바닥 매립형) 그 외 영림, 예림 등 목재소에서 나오는 카탈로그를 통해 주문하고 목공팀이 직접 설치할 수 있다. 실측은 목공팀에게 요청한다.

물량 산출은 실수가 가장 많이 발생하는 부분이므로, 개수를 세거나 면적당 필요한 물량을 계산하는 작업은 팀장님이나 해당 업체에 의뢰해 교차 확인(크로스체크)하는 것이 중요하다.

또한, 해당 제품이 설치될 부분의 보강 작업, 공정별 사진 자료를 잘 남겨 놓아 설치 시 문제가 발생하지 않도록 준비한다. 특히 도배하기 전 벽과 천장 사진 촬영은 필수. (타공 위치와 각종 보강 위치, 벽메모 사진 촬영) '체크리스트'와 '수량표'를 만드는 것도 좋은 방법이다.

미대오빠는 자재 발주에 '3단계 룰'을 추천한다:

1. 수량은 해당 공정 팀장님이나 매장에게 최종적으로 확인 받는다. (직접 수량 파악하지 않음: 항상 실수가 많다)
2. 가능하면 팀장님들에게 자재 구입을 요청한다. (불량 반품에 용이)
3. 공정별 히스토리 사진 촬영 후 설치팀에게 내용을 전달한다. (보통은 조명, 콘센트의 타공을 가리는 도배, 가구팀의 실수를 대비하기 위함)

▶ **자재 발주 체크포인트**

☐ 공정별 필요한 자재를 리스트업했는가?
☐ 자재 수량은 시공 면적 + 여유분까지 계산했는가?
☐ 색상/규격/브랜드는 정확히 표기했는가?
☐ 배송 일정과 현장 도착일을 조율했는가?
☐ 자재 보관 장소는 미리 확보했는가?
☐ 남는 자재의 반품 가능 조건을 확인했는가?

자재는 인테리어의 재료이자 예산의 핵심이다. 실수 없는 발주가 시간도, 돈도, 결과물도 지킨다.

23. 공사 중 소비자가 꼭 체크해야 하는 7가지 순간

"끝나고 나니 콘센트가 가구 뒤에 가려졌어요."
"줄눈 색상이 왜 이 색이죠?"
"욕실 선반이 너무 낮아요…."

반셀프 인테리어는 직접 시공하지 않지만, 직접 확인하고 결정해야 할 순간은 반드시 존재한다. 이걸 놓치면 고치기 어렵고, 돈이 더 들거나 감정 싸움으로 이어질 수 있다.

미대오빠는 현장에서 늘 말한다. "이때는 꼭 현장에 와야 해요!"라고. 공사 중 소비자가 꼭 체크해야 하는 순간 7가지를 소개한다.

① 철거 직후 – 예상 못한 구조나 누수 확인

벽이나 바닥을 철거하면 내부가 드러난다. 누수, 곰팡이, 구조 불균형 등이 보일 수 있는 시점이다. 이때 빨리 판단해서 계획을 조정하면, 공정 전체가 지연되지 않는다.

거실이나 방 확장의 경우 일명 덧방 확장이 있는 경우가 있다. 바닥면을 까고 단열재를 넣는 방식이 아니라, 까지 않고 그대로 난방만 연결한 경우이다. 또한 벽면과 샤시 주변에 단열이 제대로 되어 있지 않은 경우가 많기 때문에 재단열, 재시공이 필요하다.

② 전기 매립 전 – 콘센트 위치/높이 확정

전기 배선이 벽에 묻히기 전에 콘센트 위치와 개수, 스위치 위치 등을 확정해야 한다. 특히 냉장고, 침대, TV 뒤는 여유 있는 콘센트 개수를 확보하자. (가구로 벽면이 가려질 경우 특정 위치 매립 시공보다는 선을 길게 빼놓는 방식의 시공을 추천)

전기용량이 높은 가전제품의 경우 별도의 전용선 연결이나 차단기 신설이 필요하므로 전기팀 미팅 때 앞으로 사용할 가전제품에 대한 스펙 리스트(Spec list)를 전달하는 것이 중요하다.

③ 목공 뼈대 설치 중
– 단열/가벽/천장레벨/보강/면과 면이 만나는 디테일 확인

단열이 필요한 부분을 체크하여 목공팀에게 시공을 의뢰한다. 실링팬이나 벽걸이 TV 등과 같이 진동이나 무게를 받는 벽이 존재한다면 보강할 부분을 미리 표시해 두고 해당 제품의 무게나 기타 스펙에 대한 정보를 목공팀에게 전달한다.

또한, 나중에 설치될 가구를 위해 천장 처짐 현상을 체크해야 하며, 예쁜 가구 마감을 위해 날개벽 신설 유무도 파악해야 한다.

마감소재가 다른 경우 목공으로 모양을 만들어 줘야 어색하지 않은 마감이 되기 때문에 디테일을 잘 이해하고 있는 디자이너와 상의 후 목공팀에게 작업 요청하는 것이 중요하다.

요즘 유행하고 있는 무몰딩(無Molding) 과 무걸레받이 시공을 위해 목공의 사전작업은 매우 중요하므로 몰딩 부분과 걸레받이 부분의 컨디션을 꼭 체크하고 보강 및 평탄화 작업을 요청한다.

④ 도장/도배 전 – 벽 상태, 컬러 최종 점검

도장의 경우 사전에 목공 퀄리티가 중요하므로 도장 스펙에 맞는 목공을 진행하도록 사전에 목공팀과 도장팀의 연계 미팅이 중요하며, 코너와 면에서 MDF 마감과 석고마감면이 만나는 부분 처리에 있어서 목공팀과 사전 협의가 필요하다. (일반적으로 도장팀은 석고면에 도장 마감처리를 선호하며, MDF와 석고가 만나게 될 경우 지저분한 면처리, 크랙, 이색 현상이 발생할 수 있다) 마감 도료 특성에 대해 도장팀에게 충분한 설명을 듣고 향후 관리에 있어서 도움을 받을 만한 정보도 체크하자.

실크도배는 가장 많이 사용하는 도배로 일반, 프리미엄으로 나뉘며 등급이 높을수록 엠보가 강하다. 요즘 가장 선호하는 LX기준으로 베스띠, 디아망, 디아망 포티스로 등급이 올라가며 디아망 포티스의 경우 필름을 대체할 정도로 표면 강도가 좋아 최근 각광받고 있다. 도배의 경우 어떤 도배지를 선택하는가에 따라 목공 작업 시 시공 디테일이 많이 달라지므로 전문가와 상담 후 결정하는 것이 좋다.

⑤ 타일 시공 직전 - 컬러/텍스쳐/줄눈 색상

마감 자재 중 가장 강도가 높은 타일은 마루 벽, 가구 상판 등 다양한 곳에 사용이 가능한 만능 자재이다. 최근 45°로 만나는 코너 부분에 코너비드를 사용하지 않은 졸리컷 시공이 유행하고 있으며, 목공 공정 없이 벽에 바로 시공할 수 있는 점에서 인기가 높다. 또한 대형 타일의 보급이 확대되면서 가격과 디자인 경쟁력이 향상되어, 고급스러운 공간 연출에 필수적인 자재로 자리 잡았다.

타일 크기가 클수록 고급감이 높아지고, 작아질수록 아기자기한 느낌이 살아나기 때문에 취향에 맞는 크기 선택이 중요하다.

박스당 10만원이 넘어가면 고급타일로 분류되는데, 보통 주거환경상 큰 면적에 적용되지 않기 때문에 한 번쯤 욕심을 내는 자재이기도 하다.

패턴(간지)이 강할수록 고급스러운 느낌이 나지만 쉽게 질릴 수 있는 단점이 있기 때문에 단순히 타일의 디자인에 집중하기보다는 함께 매칭되는 가구, 마루, 조명과 조합에 신경 쓰도록 한다.

타일 줄눈의 경우 일반 시멘트 줄눈과, 레진, 에폭시 줄눈이 있으며 강도와 용도에 따라 금액 차이가 존재한다. 레진과 에폭시 줄눈은 별도의 양생기간이 필요하므로 1~2일 정도 말릴 수 있는 시간적 여유를 주는 것이 좋다. 시간과 금액을 절약하기 위해 바닥면이나 아웃코너에만 적용하는 경우도 있다.

최근 급속 경화 실리콘 형태의 줄눈도 시중에 풀리고 있다. 다만, 일반 자재 시공과는 다르게 시공팀마다 선호하는 자재가 다를 수 있으므로 타일팀과 사전 조율이 필요하다.

⑥ 조명 설치 전 – 배선위치, 타공

설계 단계부터 정확한 위치와 개수가 정해지지 않고 끝까지 고민하게 되는 것이 조명이다. 조명의 위치는 가구와 연결되어 있는데, 특히 주방 테이블의 경우 항상 결정이 늦어지는 아이템으로서 위치 선정을 도배가 끝나고 마감이 돼서야 하는 경우가 많다. 이럴 경우 해당 위치에 긴 배선으로 둘둘 말아서 천장에 얹어 놓고 추후에 타공과 시공을 동시에 진행하기도 한다.

원하는 조명이 천장의 높이 여유에 맞는지 파악하는 것이 중요하다. 공간이 좁아 설치가 불가능한 경우가 있는데 보통 구축 아파트에서 이러한 일들이 많다. 일부 조명의 경우 타공 사이즈보다 빡빡하게 설치되거나 보강이 필요한 경우가 있으니 조명별로 설치 특징도 미리 파악해 두는 것이 좋다.

실링팬은 상시전원선이 필요한데, 배선이 안 되어 있으면 설치 이후 A/S를 거절당하는 경우가 있으므로 꼭 체크하도록 한다.

라인 조명이나 마그네틱 조명은 목공으로 사전작업이 필요하기 때문에 천장 공간과 조명 스펙에 대한 정확한 정보가 필요하다. 최근에 붙이는 방식으로도 출시가 되고 있으나 제조사별로 마감과 불량에 대한 정보는 미리 파악하자. (일부 고급 매립등은 8~10cm의 천장 여유 공간이 필요하다)

벽부등의 경우 미리 배선작업 후 보강이 필요하다. 전기팀, 목공팀의 연계가 중요하다.

가구에 설치되는 간접 조명류는 조명팀에게 따로 요청할 필요 없이 가구팀에서 직접 자재 준비 및 설치가 진행되며, 방식에 따라 별도의 SMPS(안정기)를 보관해야 할 위치에 대한 팀 간 협의가 필요하다.

⑦ 실리콘 시공 전 - 실리콘 컬러와 시공 포인트 점검

마감이 끝났다고 방심하면 안 된다. 실리콘 색이 안 맞거나 너무 두꺼우면 전체 마감이 '싼티' 날 수 있다. 기본적으로 모든 시공팀은 실리콘 시공이 가능하지만 쏘는 방법, 제품, 컬러 등 일관적이지 못한 부분이 너무 많아서 별도의 실리콘 팀에게 최종적으로 의뢰하는 것을 추천한다. (반투명 실리콘은 최악의 선택)

체크해야 할 것은 컬러와 시공 포인트인데, 컬러의 경우 조색 실리콘과 기성제품을 이용하는 방법이 있다. 개인적으로 조색 실리콘을 선호하지 않는데 이유는 각 소재별로 완벽한 컬러를 맞추기 어렵기 때문이다. 또한 서로 다른 3개 이상의 소재가 만날 경우는 더더욱 그렇다. (예: 가구/상판/미드웨이/벽) 시공 타이밍 상 모든 자재 결정이 이루어지고 조색을 결정하게 되는데 이럴 경우 샘플링한 것과 실제 시공에서 컬러 차이가 많이 나기 때문에 원하는 색을 만들 수는 있지만 원하는 조합을 연결하기엔 어려운 상황이 발생한다.

차라리 기성 실리콘을 이용하여 현장에서 직접 샘플링하며 컬러를 맞추는 것이 가장 쉽다. 많이 쓰이는 컬러는 베이지, 그레이지 계열이며 조명과 마감재가 모두 시공된 상태에서 부분적으로 실리콘을 쏴 보면 "이거다" 싶은 컬러가 있다. 그 컬러로 시공하는 것이 좋다.

다만, 특정 필름이나 마루 모델에 있어서 추천하고 있는 조색 실리콘이 있다면 사용하는 것도 좋은 방법이다. 직접 컬러를 맞추는 것보다 안정적인 컬러 매칭이 가능하다.

▶ 공사 중 소비자가 꼭 확인할 7가지 순간 체크리스트

- ☐ 철거 직후 현장에서 구조/배관/확장/단열 상태를 확인했다.
- ☐ 전기 설비 전, 콘센트/스위치/조명 위치를 확정하고, 설치 가능 여부를 파악했다.
- ☐ 목공 후 각 공정에 필요한 보강이 적용되도록 확인했다. - 단열, 천장 높이 및 평활도(가구), 벽 수직 수평, 무문선 무걸레받이를 위한 미장작업(도장/도배), 특수가전을 위한 벽보강(실링팬, TV 등)
- ☐ 도장/도배 전, 컬러와 벽 상태를 현장에서 확인했다.
- ☐ 타일 시공 전에 줄눈 색과 패턴(간지)을 직접 결정했다. -도배, 필름, 마루, 가구, 조명과 전체적인 조화 필요(웜톤, 쿨톤 일관성)
- ☐ 조명 설치 전에 보강 부분, 타공 막힘(도배) 위치를 점검했다.
- ☐ 실리콘 시공 전에 컬러와 위치를 협의하고 현장에서 직접 테스트했다.

모든 공정에 참여하지 못해도, 공사 중 '확인할 타이밍을 놓치지 않는 것'만으로 인테리어 완성도는 극적으로 달라진다. 이 7가지는 미대오빠가 수많은 현장에서 직접 경험한 '실전 꿀팁'이다. 이건 무조건 체크하자!

24. 하자, 이것만은 꼭 확인하자

"벽지가 울었어요."
"샤워하다가 물이 새요."
"타일이 들떴는데 업체는 연락이 안 돼요."

하자는 인테리어의 '불안'을 만든다. 겉으로 멀쩡해 보여도, 막상 살아 보면 드러나는 문제들. 하지만 대부분의 하자는 시공 직후에 확인할 수 있는 것들이고, 소비자가 체크만 잘 해도 방지할 수 있다.

미대오빠는 공사가 끝난 뒤 반드시 '하자 점검 체크리스트'를 들고 집을 돌아보라고 말한다. 눈으로만 보는 게 아니라, 손으로 눌러 보고, 켜 보고, 만져 보면서 확인하는 것이다.

▶ **특히 아래 항목은 반드시 체크!**

✔ 욕실: 배수 테스트(물빠짐), 실리콘 마감 상태, 수전 흔들림
✔ 타일: 들뜸 여부, 줄눈 균일도, 크랙
✔ 도장/도배: 면대면 갈라짐, 풀&먼지 자국, 기타 얼룩
✔ 전기: 콘센트/스위치 작동, 조명 깜빡임
✔ 마루: 이음새 벌어짐, 소리, 들뜸

- ✔ 가구: 수평, 문짝 정렬, 핸들 고정 상태
- ✔ 창호: 열고 닫힘, 단열 성능, 결로 여부, 하드웨어 정상 작동 여부

하자는 대부분 1년 이내 A/S가 가능하지만, 계약서에 포함되어 있어야 한다. 또한 업체에 따라 하자에 대한 인식이나 응대가 다르기 때문에, 시공 전부터 '하자 대응 방법'에 대해 각각의 공정팀들에게 물어보는 것이 중요하다.

하자 체크는 꼭 입주 전에 해야 한다. 가구가 들어오고 생활이 시작되면 하자의 원인이 모호해지고, 소비자 과실인지 구분이 어려워지기 때문이다.

각각의 공정 중간중간 사진과 영상을 남겨 놓으면, 나중에 증빙 자료로도 쓸 수 있다.

하자는 피할 수 없지만, 줄일 수는 있다. 점검을 꼼꼼히 하면 그것만으로도 인테리어의 완성도는 달라진다. 하자는 무섭지 않다. 하자에 대비하지 않는 것이 더 무서울 뿐이다.

25. 반셀프 성공 사례 분석

반셀프 인테리어는 '성공하면 만족도 200%, 실패하면 스트레스 200%'인 프로젝트다. 실제 현장에서 접한 수많은 반셀프 인테리어 사례를 바탕으로 성공과 실패의 갈림길이 어디였는지 비교 분석해 본다.

▶ 성공 사례 1:
꼼꼼한 준비와 소통으로 완성한 광주 이편한세상 30평 아파트

상황

30평대 10년차 아파트(2016년 준공). 아파트멘터리 8,600만원 견적, 한샘 7,600만원 견적 - 최종 4,200만원으로 완성.

핵심 전략

- 10년차 아파트의 인테리어 특징, 아직 살릴 것이 많다는 것을 확인.
- 컨설팅을 통해 반드시 해야만 하는 부분의 공사를 확정.
- 디테일을 살리기 위해 해야 할 항목 결정. 무몰딩 시공으로 시각적 스트레스를 줄이는 선택, 목공비가 올라가는 요소를 최대한 살리고 기존 주방 레이아웃을 유지함.
- 전기 설비는 공용부에 집중하고 각 방은 기존 등 위치 이동, 스위치 증설 없는 레이아웃으로 제안.
- 화장실 컨디션을 확인 후 깨끗하게 청소 후 재사용 결정.

성공 포인트

- 무몰딩 도배를 위해 최소한의 벽마감 목공을 적용하여 금액을 낮춘다. (벽 상태 체크 필수)
- 디테일이 좋은 아파트멘터리 스위치를 사용하면서도 기존의 전기 스위치 박스를 재사용하는 방식으로 전기 시공비용 최적화.
- 마음에 드는 외부 팀에게 비교 견적을 통해 비용최적화. 소통은 미대

오빠를 통해 공정간 책임 회피에 대처함.

결과

기존 턴키 견적보다 3~4,000만원 저렴하게 만족스러운 무몰딩 디테일 완성.

1편: 절대적인 가성비 인테리어(광주 이편한세상 현장진단)
2편: 인테리어, 이런 것이 비용을 높이는 주범
3편: 아파트멘터리에서 예쁜 스위치가 나왔다
4편: 조명 국민 셋팅 이렇게 하면 딱 좋아요
5편: 언제까지 융 스위치만 사용할 것인가?
6편: 인테리어 하자 책임 누가 지나요?

"기본은 소통이었습니다. 저는 시공자들과 '파트너'가 되기로 결심했어요."

인테리어 처음부터 끝까지 총 6편으로 구성된
광주 이편한세상 인테리어 성공 스토리 링크

▶ 성공 사례 2: 부분 셀프와 전문가의 완벽한 분업

상황
- 61평 자이 아파트(2010년 준공). 기존 견적 1억 3천만원 - 최종 6,000만원으로 완성.
- 외부 가구업체 별도 섭외 시공 예정, 기존 자재를 최대한 살리고 고객의 취향을 반영하여 가성비와 가심비를 모두 잡는 것이 목표.

핵심 전략
- 인테리어 컨설팅을 통해 고객의 취향을 반영하여 개인 공간을 디자인하고 사용자가 원하는 고급스러운 스타일을 구현한다.
- 기존 마루와 걸레받이를 그대로 유지하면서 도배를 업그레이드하여 비용을 절감하고 개성을 강조한다.
- 공간적 기능성과 가성비를 고려하여 목공 작업 및 벽면 설계에서 비용을 절감하면서도 효율적인 디자인을 구현한다.

성공 포인트
- 조명을 포함하여 가구와 색상을 고객의 취향에 맞게 배치하여 집안의 톤을 조정하고, 일부는 리폼을 통해 화이트톤을 유지.
- 넓은 평수를 활용하여 골드 조명을 설치하고 기존 타일 덧방 처리와 일부 재사용을 통해 효율적인 공간 설계를 완성하였다.

결과

- 1억 3천만원 견적을 받았으나, 필요한 부분만 수정하는 방식으로 예산을 절감하였다.
- 고객님의 긍정적인 태도와 컨설턴트의 전문적 조언, 팀워크의 중요성을 강조하며, 이 프로젝트는 고객과 인간적으로도 좋은 관계를 유지해 성공할 수 있었다.

1편: 현장 문제를 풀어 가는 고급기술
2편: 현장에서 절대 일어날 수 없는 일
3편: 성공적인 인테리어를 위한 체크포인트 꼭 체크해야 할 것!
4편: 인테리어 조명, 이 정도는 알고 시작하자
5편: 천장형 에어컨 꼭 이렇게 준비하세요
6편: 당신의 견적이 정확하지 않은 이유(가구 견적편)
7편: 필름 리폼, 후회 없이 가성비 넘치게
8편: ppap 인테리어 꿀 조합법 알려 드림 ㅋㅋ
9편: 돈은 돈대로 쓰고 맘에 안 드는 인테리어
10편: 하자, 현장에서 이렇게 잡고 있답니다.
11편: 타일 하자 보수(시작, 진행, 마감)
12편: 두꺼비집 이제는 이렇게 가려 봅시다(분전반, 배전반)
13편: 갓어비 조명 셋팅법 단계별 공개
14편: 입주청소 끝나고 하루 종일 청소, 또 하실 당신에게 미리 드리는 선물
15편: 오래 기다리셨습니다. 완벽하게 준비된 예쁜 우리집 인테리어

"직접 참여한 인테리어는 진짜 '내 공간'이 되었어요."

**인테리어 처음부터 끝까지 총 15편으로 구성된
이수역 자이아파트 인테리어 성공 스토리 링크**

▶ 성공 사례 3: 30년 된 구축 아파트 풀인테리어 반셀프로 성공하기

상황
32평 구축 리모델링, 연식으로 인한 전체철거가 불가피한 상황, 기존 단열, 확장 시공하자로 인한, 재시공 불가피.

핵심 전략
- 기존 설비, 단열에 대한 꼼꼼한 체크를 통해 공사 범위의 최소화 노력.
- 전체 공사인 점을 감안하여, 일반 고객님께서 할 수 없는 시공 관련 디테일 적용을 현장의 언어로 풀어 드림.

결과
- 반셀프로는 할 수 없는 전체 인테리어 공사를 완료함.
- 노화된 아파트의 대변신.

1편: 우리집 인테리어 비용… 정말 몇천만원 아낄 수 있을까?
2편: 여러분, 인테리어는 이렇게 됐을 때 망하는 겁니다.
3편: 혹시라도 공사 중단될까 봐… 민원 때문에 걱정 많으시죠?
4편: 반갑습니다. 새해에도 또 만났네요 ㅎㅎㅎ
5편: 천만원이 넘는 KCC 글라스 샤시… 제대로 설치되고 있나?
6편: 확장하고 단열하기 어떻게 하면 좋을까?
7편: 끝까지 살고 싶었는데… 욕심이 컸네요…
8편: 드디어 완성한 조명 국민 셋팅!!

9편: 디아망 포티스를 가장 완벽하게 시공하는 방법

10편: 디아망 포티스 누가? 어떻게? 시공했나요?

11편: LX디아망 포티스와 라인 조명의 조합이 잘 어울리는 이유

12편: 디아망 포티스 듄화이트와 국민셋팅 조명의 조화

13편: 세월을 뛰어 넘은 아름다운 인테리어 리뷰 현장

"혼자서는 할 수 없는 전체 인테리어 공사를 컨설팅만으로 실현했다는 것이 매우 놀랍습니다."

**인테리어 처음부터 끝까지 총 13편으로 구성된
분당 정자동 상록우성아파트 인테리어 성공 스토리 링크**

▶ 정리: 성공과 실패를 가르는 5가지 포인트

항목	성공 사례 공통점	실패 사례 공통점
일정	철저한 일정 계획	일정 미흡, 지연
소통	시공자와의 파트너십	일방적 요청, 오해
예산	예상 외 상황 대비	최저가 위주 결정
참여	소비자도 주체적으로 참여	모든 걸 맡기고 방관
자료 준비	사전 조사, 레퍼런스 공유	준비 부족, 막연한 기대

▶ 미대오빠의 TIP

- 반셀프는 '공사' 이전에 '관리'다. 내가 작은 프로젝트의 PM(Project Manager)가 된다는 생각으로 접근하자.
- 현장을 아는 만큼, 공정의 흐름을 이해하는 만큼, 예산과 퀄리티 사이에서 최고의 밸런스를 찾을 수 있다.

PART 4

내 집을 나답게 만드는 디자인법

26. 트렌드보다 나에게 맞는 디자인

인테리어를 시작할 때 가장 먼저 부딪히는 장벽 중 하나가 '트렌드'다. 인터넷에는 매 시즌마다 달라지는 유행 정보가 쏟아지고, SNS에는 남들이 멋지게 꾸며 놓은 집이 넘쳐난다. 보는 것만으로도 압도된다.

어떻게 해야 예쁜 집이 될까?
요즘엔 어떤 스타일이 유행일까?

그런데 한 발짝만 물러서서 생각해 보면, 정말 좋은 인테리어는 유행을 따르는 집이 아니라, 나한테 맞는 집이다.
삶의 방식, 습관, 공간을 사용하는 방식이 반영된 집.
그게 오래 봐도 질리지 않고, 머물고 싶어지는 집이다.

▶ "나는 어떤 사람인가?"부터 시작한다

어떤 디자인이 좋을지는, 내가 어떤 삶을 살고 있는지를 먼저 알아야 결정할 수 있다.
- 집에서 요리를 자주 하나?
- 하루 중 대부분을 거실에서 보내나, 아니면 방에서 보내나?
- 조명을 켜 두는 시간이 긴 편인가?

- 집에 어린아이나 반려동물이 있나?
- 청소와 정리를 자주 하는 편인가, 미루는 편인가?
- 손님을 자주 초대하는가? 혼자 있는 시간이 많은가?

이런 질문들은 단순한 정보가 아니라 공간을 설계할 때 꼭 필요한 기준점이 된다.

예를 들어, 요리를 자주 하는 사람이라면 예쁜 싱크대보다 조리 동선이 더 중요하고, 반려동물이 있다면 부드러운 원목마루보단 긁힘에 강한 바닥재가 필요하다.
재택근무를 많이 하는 사람은 서재나 별도 작업공간을 만드는 것을 추천한다.

▶ 트렌드는 참고하되, 나의 기준을 중심에 둔다

북유럽 스타일 인테리어의 식상함이 코로나 이후로 무몰딩을 기반으로 한 미니멀 인테리어로 급격하게 전환되었고, 자칫 밋밋할 수 있는 인테리어 컬러와 소재에 대한 다양한 연구와 유행의 변화가 지속되고 있다.

유행은 늘 바뀐다.
내가 편하게 느끼는 색, 내가 안정감을 느끼는 구조는 그렇게 자주 바뀌지 않는다.

트렌드는 영감을 주는 도구일 뿐이다. 그걸 무조건 따라 하는 순간, 공간은 나와 멀어진다.

결국 '잘 만든 집'은 나의 일상, 나의 습관, 나의 감정이 편하게 스며드는 구조에서 시작된다.

▶ 라이프스타일에 맞는 디자인 방향 예시

라이프스타일	추천 인테리어 방향
요리를 자주 함	다양한 동선 주방 고려, 해외 가전 전기 스펙, 후드 성능 고려 등
재택근무 비중 높음	집중 가능한 독립 공간 확보, 책상 위치 및 콘센트, 인터넷 선 배치
반려동물 있음	미끄럼 방지 마루, 긁힘에 강한 가구 및 벽체 마감, 반려동물 이동 동선 고려
청소에 민감함	오염에 강한 마감소재, 수납장 구성, 물청소가 용이한 수도시설
손님 자주 초대	거실에 넉넉한 소파와 테이블, 개인 공간과 공동 공간 분류, 멋진 조명 연출
감성 중시	벽면 포인트 컬러, 갤러리 월, 커튼과 조명 구성

이처럼 '예쁘다'는 기준은 제각각이고, 디자인의 방향도 사람마다 다르다. 나만의 기준을 잡는 것이 가장 중요하다.

27. 컬러 조합의 원칙

공간을 바꾸는 가장 빠르고 효과적인 방법은 '색'이다.

같은 구조, 같은 가구여도 어떤 색을 쓰느냐에 따라 공간의 분위기는 완전히 달라진다.

그래서 인테리어에서 컬러는 '감성'이 아니라 '전략'이다.

컬러는 공간의 무드를 결정한다.

흰색 벽과 원목 바닥의 조합은 따뜻하고 부드러운 느낌을 준다.

반면, 그레이 벽에 블랙 금속 프레임이 더해지면 도시적이고 시크한 분위기가 된다.

색은 빛보다 먼저 시선을 잡아끌고, 형태보다 오래 인상을 남긴다.

색 하나만 바꿔도 집이 달라 보인다는 말은 과장이 아니다.

기본은 '3색 원칙'

컬러 조합이 어렵게 느껴진다면, 기본적인 '3색 원칙'부터 기억하면 된다.

1. 기본색(Base Color) - 공간에서 가장 넓은 면적을 차지하는 색. (예: 벽, 천장, 바닥)
2. 보조색(Sub Color) - 기본색과 어울리며 공간의 균형을 잡아주는 색. (예: 가구, 커튼)
3. 포인트색(Accent Color) - 시선을 끄는 포인트 소품의 색. (예: 쿠션,

조명, 소품)

비율 예시: 기본색 60% / 보조색 30% / 포인트색 10%

색 조합을 실패하지 않는 팁

- '따뜻한 색'과 '차가운 색'을 무작정 섞지 않는다.
- 질감이 다른 재질로 같은 색을 다르게 연출한다.
- 조명 아래에서의 색 변화를 고려한다.

▶ 실전 조합 예시

1. 내추럴 스타일
- 화이트 벽, 라이트 우드 마루, 올리브그린 커튼
- 따뜻하고 안정적인 분위기로 가족 단위 거주자에게 적합

2. 감성 빈티지
- 크림 컬러 벽지, 월넛 원목 가구, 테라코타 소품
- 따뜻하고 빈티지한 무드로 홈카페나 1인 가구에 인기

3. 모던 럭셔리
- 아이보리 톤 벽, 무광 다크브라운 가구, 골드 조명
- 고급스럽고 절제된 공간을 원하는 경우 추천

결론: 컬러는 감각이 아니라 '기준'이다.

예쁜 색을 고르려 고민하기보다, 공간 전체에 어울리는 방향과 나의 취향을 먼저 정리해야 한다.

유행하는 색보다, 오래 봐도 질리지 않는 색.

눈에 띄는 색보다, 공간을 편하게 만드는 색.

그게 내 집의 컬러다.

색은 공간의 분위기를 결정짓는 핵심 요소다. 같은 구조, 같은 가구를 배치하더라도 색의 조합만으로도 공간은 전혀 다른 느낌을 줄 수 있다. 그래서 인테리어 디자인에서 색 조합은 단순한 미적 요소를 넘어서 기능성과 감정에 직접적인 영향을 준다.

예를 들어 부부의 침실이라면 너무 강렬한 원색보다는 편안하고 따뜻한 뉴트럴 톤이나 파스텔 계열을 사용해 안정감을 주는 것이 좋다. 반대로 작업실이나 홈오피스는 집중력과 창의력을 높일 수 있도록 명도와 채도가 높은 컬러를 포인트로 사용하는 것도 좋다.

색 조합의 기본 원칙은 다음과 같다.

색 조합 타입	설명	추천 공간
모노톤	한 가지 색의 명도와 채도를 달리하여 조합	미니멀한 거실, 침실
보색 대비	색상환에서 마주보는 색을 조합해 강한 대비 효과	아이 방, 카페 같은 공간

유사 색상	색상환에서 가까운 색을 조합해 자연스러운 연결감	부드러운 느낌의 주방, 서재
톤 온 톤	같은 색상에 밝기가 다른 컬러의 조합	호텔 감성의 침실, 욕실
톤 인 톤	밝기는 같지만 다른 색상의 컬러 조합	개성 넘치는 소품, 가구, 아이템의 조합

이처럼 색 조합은 단순히 보기 좋게 하는 차원을 넘어 공간의 목적과 사용하는 사람의 성향에 따라 전략적으로 사용될 수 있다.

예시로, 어느 고객의 주방 리모델링 사례를 들 수 있다. 기존에는 흰색과 회색이 주를 이루던 공간에 그린과 우드를 포인트로 넣자, 훨씬 밝고 생기 있는 분위기로 변하면서도 음식 준비에 집중이 잘 되는 환경으로 변했다. 그만큼 색의 선택은 공간의 기능을 강화하는 데에도 큰 역할을 한다.

색을 결정할 때는 벽지, 바닥, 가구뿐 아니라 조명, 천장, 커튼 등의 요소와도 어우러져야 한다. 특히 자연광이 많이 들어오는 집이라면 낮과 밤에 색이 달라 보이는 점도 고려해야 한다.

이제 집의 목적, 구조, 라이프스타일에 맞는 색 조합으로 나만의 인테리어를 완성해 보자.

28. 구조가 아닌 시선으로 공간을 바꾸는 법

인테리어에서 구조를 바꾸는 일은 크고 많은 예산이 든다.
하지만 때론 구조를 건드리지 않고도 집이 넓어 보이거나, 분위기가 완전히 달라질 수 있다.
그 핵심은 '시선'이다.

사람은 공간을 '보는 방향'에 따라 느낌이 완전히 달라진다.
공간의 물리적 구조는 그대로인데, 시선이 향하는 길을 다르게 설정하면 마치 새 집처럼 느껴지기도 한다.

예를 들어 좁은 복도형 주방도 끝 벽면에 강한 시선 요소(포인트 타일, 팬던트 조명 등)를 두면,
공간의 길이가 강조되며 시야가 '깊이감'을 갖게 된다.
마치 작은 갤러리를 걷는 듯한 감각이 생긴다.

또한 시선의 흐름을 정리하는 것만으로도 공간이 '정돈된' 인상을 줄 수 있다.
잡동사니가 많아 보이는 집은 사실 정리가 안 된 게 아니라 '시선이 갈 곳이 없는 경우'가 많다.

따라서 시선을 어디에 둘 것인지, 무엇을 중심으로 보이게 할 것인지 고

민하는 것이 중요하다.

다음은 시선 연출에 따른 공간 변화의 예시이다.

공간 유형	시선 연출 요소	효과
좁은 복도	끝 벽에 포인트 컬러 또는 작품 설치	공간에 깊이감 부여
거실	소파 맞은편에 시선 정리용 액자 또는 조명	시선 흐름 통일로 안정감 형성
작은 방	1:1 기본창을 시스템창으로 교체	시야가 열리며 넓어 보이는 효과
현관	입구 측면 벽에 거울이나 선반 배치	입체감과 공간 확장의 효과

결국 인테리어는 단지 구조를 바꾸는 일이 아니라 '어떻게 보이게 할 것인가'를 설계하는 일이다.

시선을 다듬는 것만으로도 공간은 충분히 새로워질 수 있다.

디자인이란 결국 '보이게 만드는 기술'이다.

부록 1

예산별 인테리어 가능 범위(2025년 기준)

예산은 '통제 가능한 설계'의 시작이다.

반셀프 인테리어는 내가 선택하고, 내가 결정하는 만큼

예산을 계획적으로 세워야 낭비를 줄이고 후회도 줄일 수 있다.

무조건 절약이 아니라, 어디에 얼마나 쓸지를 미리 정하는 것이 중요하다.

1. 마감재 면적 계산을 반드시 미리 한다.

평당이 아니라, 실제 시공면적(㎡) 단위로 계산해야 정확하다.

2. 무조건 '싼 자재'가 답은 아니다.

예산 초과를 막기 위한 선택이 '하자'를 부를 수 있다.

꼭 써야 할 곳엔 돈을 아끼지 말고, 덜 중요한 부분에 예산을 줄이자.

3. 인건비는 최저가보다 '신뢰가 기준'이어야 한다.

시공자는 가격보다 소통과 신뢰가 훨씬 중요하다.

▶ 인테리어 예산 분배1 (84㎡)

예산 2,000만원대 - 핵심만 바꾸는 알뜰형

추천 대상: 10년 이상 15년 미만의 2~3베이, 꼭 필요한 곳만 바꾸고 나머지는 리폼 위주로 낮은 목공 비율 유지가 관건

항목	비용 (만원)	설명
철거 및 폐기	300	리폼 위주의 공사를 위해 가구, 마루, 도배 위주로 철거(문선, 문교체는 신중히 결정), 확장X
설비(배관/전기)	200	기존 배관, 등, 스위치, 콘센트 위치 변경 없이 교체 위주, 천장형 에어컨X
타일(주방)	100	화장실은 도기 악세서리 교체 위주, 주방 미드웨이측 타일시공, 현관 덧방
필름	500	신발장, 붙박이장, 문/문선, 샤시(공용부)
도배	350	퍼티 없는 기본 실크도배
가구	600	레이아웃 변경 없는 주방 가구 교체
마루	200	2.2t 장판
기타	200	중문, 실리콘 마감, 탄성X

▶ 인테리어 예산 분배2 (84㎡)

예산 4,000만원대 - 레이아웃 변경을 최소로, 환경 개선공사

추천 대상: 10년 이상 20년 미만의 2~3베이, 샤시 교체 없이 공사할 수 있는 마지막 기회, 공용부 위주 기본공사(주방 레이아웃 일부 변경)

항목	비용(만원)	설명
철거 및 폐기	500	확장을 제외한 기본 올철거(화장실 덧방)
설비(배관/전기)	300	기존 전기 레이아웃 유지, 매립형 조명 셋팅, 인덕션 등과 같은 단독 전기설비, 대면형 주방 설비
타일(욕실/주방)	800	기존 타일 위에 덧방 시공, 도기 액세서리 교체, 베란다 타일 재사용, 주방 미드웨이측 타일시공, 현관 덧방
목공	800	문/문선 교체, 일부 가벽 설치, 천장 평탄화와 같은 기본 목공 가능, 필요한 부분 일부 단열
필름	300	문/문선, 신발장 리폼 또는 도어 교체
도배	450	퍼티시공, 공용부 위주 디테일, 무몰딩
마루	400	MDF 강마루
가구	8000	대면형 주방과 같은 고객의 니즈를 반영한 레이아웃, 서라운딩 없는 가구 디테일
조명	300	공용부 라인조명
기타	400	중문, 실리콘 마감, 탄성, 중간폐기물

▶ 인테리어 예산 분배3 (84㎡)

예산 7,000만원대 - 확장, 단열, 샤시, 노화된 아파트 살리기 프로젝트
추천 대상: 20년 이상 30년 미만의 2~3베이, 샤시 교체와 함께 확장과 단열로 새집 만들기

항목	비용 (만원)	설명
철거 및 폐기	700	확장을 1~2개 포함한 기본 올철거(화장실 포함)
설비(배관/전기)	400~	예산 2를 기본에서 분전함 필수교체, 배선 교체 가능성, 메인 컨트롤 위치 정리/이동(온도조절, 공조, 거실스위치, 스피커, 인터폰)
샤시	1200~	KCC글라스 본사창 기준
타일(욕실/주방)	1200~	화장실 전체 철거 및 방수, 현관, 베란다
목공	1200	문/문선 교체, 일부 가벽 설치, 천장 평탄화와 같은 기본 목공 외, 확장부 단열
필름	300	문/문선, 신발장 리폼 또는 도어 교체
도배	450	퍼티시공, 공용부 위주 디테일, 무몰딩
마루	500~	고급 합판/타일형 강마루
가구	1200	대면형 주방과 같은 고객의 니즈를 반영한 레이아웃, 서라운딩 없는 가구 디테일, 신발장(붙박이장 제외)
조명	400~	공용부 라인/마그네틱조명, 융스위치
기타	400	중문, 실리콘 마감, 탄성, 중간폐기물

▶ 인테리어 예산 분배4 (84㎡)

예산 10,000만원 이상 - 35년 이상 된 아파트
추천 대상: 35년 이상 된 노후 아파트, 바닥난방 공사 필수

항목	비용 (만원)	설명
철거 및 폐기	2000~	아파트 골조만 남기고 모두 철거, 방수
설비(배관/전기)	1000~	난방/전기 배관 신설
샤시	1200~	KCC글라스 본사창 기준
타일(욕실/주방)	1200~	화장실 전체 철거 및 방수, 현관, 베란다
목공	2000	문/문선 교체, 일부 가벽 설치, 천장 평탄화와 같은 기본 목공 외, 확장부 단열
필름	300	문/문선, 신발장 리폼 또는 도어 교체
도배	450	퍼티시공, 공용부 위주 디테일, 무몰딩
마루	500~	고급 합판/타일형 강마루
가구	1200	대면형 주방과 같은 고객의 니즈를 반영한 레이아웃, 서라운딩 없는 가구 디테일, 신발장(붙박이장 제외)
조명	400~	공용부 라인/마그네틱조명, 융스위치
기타	800	중문, 실리콘 마감, 탄성, 중간폐기물1차, 2차

부록 2
시공 업체 선정 기준

"좋은 시공자는 '가격'이 아니라 '신뢰'에서 시작된다"

시공업체 선택은 인테리어 전체 결과를 좌우하는 핵심이다.

견적서만 보고 선택하면 후회할 확률이 높고, 소개만 믿고 계약하면 갈등이 생길 수 있다.

'적절한 가격 + 충분한 설명 + 사람에 대한 신뢰'

이 세 가지가 모두 갖춰져야 진짜 좋은 파트너다.

▶ 체크리스트: 계약 전 반드시 확인할 것

체크 항목	체크	설명
1. 사업자 등록 여부 확인		사무실 및 전시장, 정상적인 사업 기반이 있는지 확인
2. 최근 6개월 이내 시공 사례 확인		본인의 스타일과 맞는지 확인
3. 시공 사진의 '본인 작업물' 여부 확인		타사 사진 도용 여부 확인 필수
4. 견적서 항목이 세분화되어 있는가		'자재비/인건비/부자재'가 분리되어 있어야 함
5. 추가 금액 발생 기준이 명확한가		"현장 가 봐야 알죠" 식 응답은 위험 신호
6. 사후 A/S 대응 기간 및 범위 명시		구두 약속이 아닌 계약서상 명확한 기재
7. 시공 일정표 초안 제시 여부		시작일/종료일/공정별 기간 포함 여부
8. 중도금, 잔금 조건의 합리성		전체 금액의 30~40%를 초과하지 않도록 주의
9. 소통 방식의 신뢰성(문자, 전화, 방문)		응답 속도와 태도, 커뮤니케이션 방식 평가
10. 계약서에 업체명, 도장, 책임자 서명 포함		정식 계약서 미작성은 절대 금지

▶ 미대오빠의 현실 TIP

"공개되어 있는 시공팀을 선택하세요."

요즘은 유튜브, 네이버카페, 인스타그램 같은 채널에서 스스로 노출되어 평가를 받는 시공팀들이 많다.
그런 팀은 기본적으로 아래 조건을 충족한다.

- 실력에 대해 공개적으로 평가받고 있다
- 포트폴리오가 실시간으로 확인 가능하다
- 고객과의 커뮤니케이션이 활발하고 깔끔하다
- 리뷰, 댓글, 실시간 소통이 자연스럽다

이런 팀은 사후 A/S도 빨라지고, 공사 과정에서 '내가 놓친 부분'을 먼저 체크해 주기도 한다.

숨기지 않는 팀 = 믿을 수 있는 팀

"좋은 시공자"는 말이 많은 사람이 아니라, 질문했을 때

'명확하게 답해 주는 사람'이다.

에필로그

집은 결국, 삶의 이야기다

이제, 당신의 집 이야기 차례다.

인테리어는 결국 '집을 예쁘게 꾸미는 기술'이 아니다.

그건 내가 어떻게 살고 싶은지를 진지하게 고민하는

시간이고,

그 삶을 물성으로 옮기는 과정이다.

이 책을 끝까지 읽은 당신은,

이미 남들보다 훨씬 더 진지하게

'자기 삶의 방향'을 스스로 선택하고자 하는 사람이다.

"어디에 앉아 쉴까?"

"무슨 색을 보면 마음이 편해질까?"

"내 가족은 어떤 공간에서 가장 자주 웃을까?"

그런 질문을 던지는 사람은 단 한 번도,

공간을 '허투루' 대하지 않는다.

나는 그 마음을 안다.

누구보다 잘 안다.

잘하고 싶고, 실수는 하기 싫고,
하지만 세상에 완벽한 시공은 없다는 것도 알아서 더 두렵고.
그래서 계속 고민하다가 결국,
"그냥 나답게 해 보자!"는 마음으로 시작하게 되는 그 순간을.

당신의 인테리어는,
단순한 변화가 아니라 용기 있는 선택이다.
누가 대신 꾸며 준 집이 아니라,
내가 개입한 만큼 애정이 담긴 공간이니까.

나의 바람은 하나다.
당신이 이 책을 덮는 순간,
머릿속엔 더 이상 '예쁜 집'이 아니라
'내가 머물고 싶은 집'의 이미지가 그려지길.
그리고 그 상상을, 현실로 옮길 수 있다는 용기를
이 책이 작게나마 건넸기를.

지금도 어딘가에서 도면을 펴고 고민하고 있을 당신에게
이 책이 작지만 단단한 조언이 되길 바란다.

- 미대오빠